교회절기꽃꽂이

A FLOWER ARRANGEMENT FOR CHURCH CALENDAR

대림절에서 추수감사절까지
From Advent to Thanksgiving day

송백 허문정
Song Pack Huh, Moon-Jhung

송백꽃꽂이연구회

목 차

송백회 회장 **허 문 정**

책자를 발간하며

"태초에 하나님이 천지를 창조하시니라.(창1 : 1)"
조용한 아침 햇살이 어두움에 소망을 주고 새로운 구원의 역사가 온누리에 불꽃되어 피어나게 하소서.

가장 연약한 존재를 사랑과 은혜로 충만하게 하시고 이 책을 발간하도록 지혜와 용기 주심을 감사드리며 하나님께 영광을 돌립니다. 계절따라 피고 지는 꽃을 매만지며 오직 하나님을 향한 마음으로 십여년 동안 제단앞에 드린 한 작품 한 작품을 모아 한권의 책을 엮게 되었습니다. 이 책을 엮으면서 무한한 하나님의 진리를 더욱 깨닫게 되었고 작품 하나 하나에 이르기까지 성령의 역사를 체험하게 하셨습니다. 그동안 제단 꽃꽂이를 하면서 시각적인 아름다움 만을 표현하기 보다는 성전에 어울릴수 있는 형태를 추구했고 편안함과 위로함을 얻을 수 있는 순수한 분위기를 살리는데 중점을 두었습니다.

이 책으로 인하여 교회 꽃꽂이 발전에 도움이 되었으면 하고 바라는 마음 간절합니다. 하나님께서 기뻐하시는 제단 꽃꽂이를 계속 연구할 수 있도록 기도해 주시기 바랍니다.

책이 나오기까지 격려와 도움을 주신 여러 목사님들과 로얄 프로세스 사장님께 감사를 드립니다.

끝으로 항상 협조해 주시는 송백회 꽃꽂이 회원과 한국기독교 꽃꽂이 선교회 회원들, 전국에서 관심을 가지고 저의 강의를 들어주시는 모든 분들께 뜨거운 감사를 드립니다.

Acknowledgements

"In the beginning God created the heavens and the earth."(Genesis 1 : 1)

Let the morning sunlight turn darkness into hope and the power of Salvation blossom in the heart of all nations. I bring glory and give thanks to God who has provided me with courage and wisdom for the publication of this book. God has filled this most fragile servant with His love and grace. What was then a collection of flower arrangement over serval years for the church pulpit has been compiled into this book. With the completion of each arrangement, I experienced the Holy Spirit working within me and God's infinite truth.

My flower arrangement has developed from trying to visually bring out the beautifulness of a flower to that of placing an importance on the appropriateness of the piece to the sanctuary and the atmosphere in which one can etperience peace and receive condolenees. I'm sincerely hoping that this book will contribute towards the development of pulpit flower arrangement. Please pray for me and for the research on pulpit flower arrangement which God delights in.

I'd like to thank the President of Royal Process and many pastors who have given me their encouragement and support even til the day of publication. Lastly, I'd like to give my sincere appreciation to the members at the Song Baek Hye Flower Arrangement Research Center and Korean Christian Flower Arrangement Mission Association. And to all of you throughout the nation who have taken interest and attended my seminar — thank you!

Rev. Moon Joung, Huh
President
Song Pack Hae

믿음
Faith

■ 소재 : 금사철
거베라

■ Materials : Euonymus 'Marieke'
Gerbera 'Joyce'

연동교회 원로목사 **김 형 태**

이번에 송백회 회장 허문정 여사께서 꽃꽂이에 관한 기독교적 이해를 돕기 위한 한 작품집을 펴내게 된 것을 기쁘게 생각합니다.

강단 꽃꽂이는 예배 의식에 관계된 것으로 목회신학적 차원에서 교회력에 맞춘 변화가 시도되고 있습니다.

이번 허문정 여사가 시도한 교회 꽃꽂이 작품집은 교회 강단 미화 뿐만 아니라 무언의 꽃꽂이가 예배 의식을 조화시켜 하나님께 영광을 돌리는 아름다운 예배가 되게 하는데 공헌하리라 믿습니다. 단지 꽃꽂이가 예배의 예술성을 높이는 인간의 기교로 끝나지 않게 하기 위해 꽃꽂이 자체가 신령과 진리의 예배 행위가 될 수 있어야 할 것입니다. 허문정 여사는 서울에 있는 연동장로교회 집사로

10 수년간 교회 꽃꽂이를 담당해 오고 있는 분으로 교회 꽃꽂이에 대한 남다른 열의를 보여 작품 활동에 열중하고 있습니다.

그는 제 2여전도회 회장을 역임하는 등 교회적으로나 가정적으로 신앙 생활과 교회 봉사에 모범적인 평신도 지도자 입니다.

이 작품집이 앞으로 미개척 분야인 한국 강단의 꽃꽂이 신학에 하나의 연구과제를 부각시켜 신학적 이론이 빈약한 한국교계의 꽃꽂이 문화 향상을 위한 목회 신학 발전에도 기여하기를 기대해 봅니다. 그런 뜻에서 이 작품집이 하나의 필요한 지침서가 되리라 믿습니다. 많은 목회자들이 하지못한 시도를 한 평신도를 통해 나타내게 하신 아름다우신 우리 하나님께 영광을 돌리고 싶습니다.

A Word of Encouragement

I am pleased that Mrs. Huh, Moon Joung, President of Song Baek Hye, could publish a collection in order to help the Christian understanding about the flower arrangement.

Since the pulpit flower arragement is related to the worship liturgy, attempts have been made to change to the liturgy according the Church Calender in Practical Thology. I believe that Mrs. Huh's collection could contribute not only to the pulpit beautification but to the beautiful worship service which leads to the glory of God through such a flower arrangement without uttering a word in harmony of the worship liturgy. The flower arrangement itself should become a part of the worship service in truth and spirit, not merely becoming a human technique which may promote worship arts.

Mrs. Huhe, Moon Joung, deaconess of the Youndong Presbyterian Church in Seoul, has been serving the church

in the field of pulpit flower arrangement for the last 10 years and has concentrated her efforts on the work, showing her particular enthusiasm. As she has demonstrated in her lay leadership as the President of the 2nd Woman Evangelism Association of the church, she is an exemplary lay leader both in personal faith in her family life and in service activity in her church life.

I expect that this collection will lift out a study issue in the future in such underdeveloped field of flower arrangement theology in Korean pulpit so that it could contribute to the development of Practical Theology for the promotion of flower arrangement culture in Korean Church which lacks a theological foundation. In this respect, I believe that this collection may become a neccessary guide book for this field. I would like to bring glory to our beautiful God who makes this work possible through a laywoman, an attempt which many pastors could not have done.

> Rev. Dr. Hyung Tae, Kim
> Pastor Emeritus,
> Youndong Presbyterian Church
> Seoul, Korea

소망
Hope

■ 소재 : 카스피아   ■ Materials : Statice caspia
　　　리시안서스　　　　　　　　　　 Eustoma
　　　스타티스　　　　　　　　　　　 Sinuatum
　　　아스파라거스 미리오　　　　　　 Asparagus umbelllatus

연동교회 담임목사 **이 성 희**

하나님을 찬양하는 도구입니다.

꽃은 누구에게나 아름다움을 줍니다. 꽃 속에는 말이 있습니다. 그래서 꽃을 통하여 기쁨도 전달하고 슬픔도 표현합니다. 한송이의 꽃을 통하여 사랑도 안겨주고 한아름의 꽃을 통하여 위로의 마음도 전해줍니다. 그러므로 꽃은 사람의 마음입니다.

또한 꽃은 하나님의 만드신 것 가운데 가장 정직한 창조입니다. 추운것과 더운것을 가장 빨리 알고 언제나 솔직하게 하나님의 지으심을 전해주는 것입니다. 그런 의미에서 꽃은 하나님의 마음입니다.

개신 교회는 교회의 예전에 중요한 부분을 많이 잃었습니다. 종교개혁 이전의 교회가 가지고 있던 많은 것들을 잃었기에 때로는 잃은 것을 다시 찾았으면 하는 마음이 컸습니다. 그런데 강단의 꽃을 통하여 예전을 다시 생각하고 예전에 맞게 강단의 꽃을 장식할 수 있게 된 것을 기쁘게 생각합니다.

허문정 집사님의 꽃꽂이는 우리 교회의 자랑입니다. 언제 보아도 예전에 맞으며 꽃의 아름다움을 예배로 이어주는 성스러움이 있습니다. 그래서 저는 꽃꽂이를 예배의 한 부분이라고 합니다. 하나님을 찬양하는 도구입니다.

허문정 집사님의 수년의 노력으로 아름다운 책이 출판되게 된 것을 기쁘게 생각합니다. 사람들의 눈을 즐겁게 하는 책이 아니라 마음을 즐겁게하며 그리고 나아가서 하나님을 기쁘게 할 수 있는 책이 되기를 바랍니다.

이 책의 출판을 기뻐하며 축하를 드립니다.

A Tool for Praising God

The beauty of a flower is appreciated by everyone and flowers have its own language: They can send a message of joy or express sadness. One blossom of a flower can bring love into someone's life or an arm full of flowers can express one's sympathetic heart. Thus, flowers express very well what we feel inside. In addition, they are the most honest creatures among God's creation. Flowers give first signs of cold and warm weather and always reminds us of God's wonderful creation. In this context, flowers are like God's heart.

The Protestant Church has lost many inportant parts of the worship liturgy. Attempts were made to recover what was lost. I'm very glad that we've recollected a part of our liturgy by bringing flower arrangem back in the pulpit.

The flower arrangement of Mrs. Huh, a deconess, is the pride of our church. The arrangement goes alone very well with the liturgy on every occasion and its beauty contributes to the worship service. Therefore, flower arrangement is a part of the worship service: It's a tool for praising God.

I'm very glad Mrs. Huh is publishing such a beautiful book. Through many years of experience, I hope this book will not only bring enjoyment for the eyes but for the mind as well, bringing forth glory to God. I am much delighted with the publication of this book and I'd like to give my sincere congratulations.

Rev. Sung Hee Lee
Pastor, Yondong Presbyterian Church

사랑
Love

■ 소재 : 작약
　　　쥐똥나무

■ Materials : paeony
　　　　　Border privet

대한기독교서회 목사 **김 소 영**

예배란 하나님께 대한 총체적 경배 입니다. 예배당의 분위기가 예배자가 하나님을 경배할 마음을 가지게 하는데 중요한 역할을 하는 것은 다 아는 사실입니다.

강단에 생화를 장식하여 예배 분위기를 조성하는 것은 오랜 전통이 있는 축제적 예배 장식이었습니다. 그것은 언제나 "생명"을 상징해 왔습니다.

장로교의 초창기 때는 아주 단순한 꽃바구니 하나가 강단에 장식 되거나 몇 송이의 생화를 꽃병에 꽂아 성경 옆에 놓기도 했습니다. 이런 전통을 계승해 가는것은 그 나름대로의 의미가 있습니다.

예배를 위한 꽃의 배열이나 장식은 교회의 축제 성격에 따라 강조점과 조화를 이룰 수 있어야합니다. 교회력에 따른 색깔의 배려도 중요하고 그 꽃꽂이의 상징적인 구상도 전체의 축제적 시각과 어긋나서는 안 될 것입니다.

강단장식의 규모는 신앙이 담긴 절제속에서 이루어 저야 한다고 봅니다.

그간 강단의 꽃꽂이에 필요한 서적이 요청되고 있는 때에 금번 허문정회장님께서 "교회강단 꽃꽂이" 책을 출판하게 되어 기쁘고 다행스러운 일입니다.

허문정회장님께서 그동안 월간 "새가정"에 교회 꽃꽂이 난을 6년간 집필하시고, 기독교방송, 한국기독교 꽃꽂이선교회등 선구자적인 교회 꽃꽂이 강의를 10년이상 했습니다.

그리고 현재에도 연동교회에서 강단 꽃꽂이 봉사와 개인송백회를 통하여 열열히 활동하고 있습니다.

특별히 이책은 교회력에 맞추어 강단을 장식하고 예배를 돕는 꽃꽂이가 될것을 다행스럽게 생각합니다.

이 책의 출판으로 한국교회의 강단 꽃꽂이가 발전되고 예배가 갱신되어 교회부흥에 공헌을 하고 강단 꽃꽂이의 사치와 낭비를 배격하여 하나님께 영광이 될것을 확신하며 이 책을 추천합니다.

A Letter of Recommendation

A worship service is wholeheartedly praising God. The atmosphere surrounding the place of worship has an important influence on the heart of the people who have come to worship God. It has been a long tradition to use natural flowers, which always symbolizes "life," to decorate and control the atmosphere of the worship service in the church.

During early days of the Presbyterian Church, a flower basket or a flower vase with a few stems of flowers were placed sometimes with a Bible to decorate the pulpit. In its own way, inheriting this tradition has a special meaning.

A flower arrangement or decoration for the church, should achieve harmony and give emphasis to different events in the church. The symbolic meaning of the flower arrangement should correctly reflect an event in the church calendar, making sure that right colors are being used, etc.

There has been a demand, recently, for books relating to pulpit flower arrangement. I'm very glad and think it's fortunate that the author is publishing such a book. Especially, this book will help to beautify the pulpit in accordance to the church calendar and contribute toward the worship service.

Mrs. Huh, a deaconess, has been broadcasting her work on the radio through the Christian Broadcasting in Seoul for the past five years. She has also given lectures and writings to the Korean Christian Mission of Flower Arrangement and the monthly magazine, "New Family," lecturing and writing over 10 years. She is currently attending the Yondong Presbyterian Church where she is rendering her services and providing flower arrangements for the church pulpit every Sunday.

Through this publication, I hope that the church flower arrangement in Korea will further develop and become renovated, contributing toward church growth but denouncing any lavishness and wastefulness. With a firm conviction that this book will glorify God, I'd like recommend this book to all.

Rev. So Young, Kim
President
The Christian Literature Society of Korea

대림절 그리스도의 오심을 기쁘게 기억하면서 다시 오실 그리스도를 기다리는 절기이다. 이 기간은 크리스마스를 기점으로 네주간을 말하는데 보통 11월 30일경부터 시작한다.

Advent Remembering that Jesus came to earth and we are expecting His coming again. This period covers four weeks before Christmas, usually starting on November 30th.

그날과 그시간 (마가복음 13장 : 32~36절)

그러나 그 날과 그 때는 아무도 모르나니 하늘에 있는 천사들도, 아들도 모르고 아버지만 아시느니라. 주의하라 깨어 있으라 그 때가 언제인지 알지 못함이니라 가령 사람이 집을 떠나 타국으로 갈 때에 그 종들에게 권한을 주어 각각 사무를 맡기며 문지기에게 깨어 있으라 명함과 같으니 그러므로 깨어 있으라 집 주인이 언제 올는지 혹 저물 때엘는지, 밤중엘는지, 닭 울 때엘는지, 새벽엘는지 너희가 알지 못함이라 그가 홀연히 와서 너희의 자는 것을 보지 않도록 하라.

The Day and the Hour (Mark 13:32~36)

No one knows about that day or hour, not even the angels in heaven, nor the Son, but only the Father. Be on guard! Be alert! You do not know when that time will come. It's like a man going away: He leaves his house and puts his servants in charge, each with his assigned task, and tells the one at the door to keep watch.
Therefore keep watch because you do not know when the owner of the house will come back—whether in the evening,

■ 소재 : 스치로폴 수수깡　　■ Materials : Poaming
　　백합　　　　　　　　　　　　Lilium longiflorum
　　조화　　　　　　　　　　　　An imitation flower
　　옥잠화　　　　　　　　　　　Plantain lily

광야의 세례요한 (마태복음 3장 1~3절)

그 때에 세례 요한이 이르러 유대 광야에서 전파하여 가로되 회개하라
천국이 가까왔느니라 하였으니 저는 선지자 이사야로 말씀하신 자라
일렀으되
광야에 외치는 자의 소리가 있어 가로되 너희는 주의 길을 예비하라 그의
첩경을 평탄케 하라. 하였느니라.

John The Baptist in The Wilderness (Matthew 3:1~3)

In those days John the Baptist came, preaching in the Desert
of Judea and saying, "Repent, for the kingdom of heaven is
near. "This is he who was spoken of through the prophet
Isaiah :
　　"A voice of one calling in the desert,
　　Prepare the way for the Lord.
　　make straight paths for him."

■소재 : 아이리스
　　　카스피아
　　　아스파라거스 미리오
　　　말채

■Materilas : Iris
　　　　　Statice caspia
　　　　　Asparagus umbelllatus

마지막 권고 (데살로니가전서 5장 16~24절)

항상 기뻐하라. 쉬지 말고 기도하라. 범사에 감사하라. 이는 그리스도 예수
안에서 너희를 향하신 하나님의 뜻이니라 성령을 소멸치 말며 예언을
멸시치 말고 범사에 헤아려 좋은 것을 취하고 악은 모든 모양이라도
버리라. 평강의 하나님이 친히 너희로 온전히 거룩하게 하시고 또 너희
온 영과 혼과 몸이 우리 주 예수 그리스도 강림하실 때에 흠없게
보전되기를 원하노라. 너희를 부르시는 이는 미쁘시니 그가 또한
이루시리라.

The Last Counsel (Thessalonians 5:16~24)

Be joyful always;pray continually;give thanks in all
circumstances, for this is God's will for you in Christ Jesus.
Do not put out the Spirit's fire;do not treat prophecies with
contempt. Test everything. Hold on to the good. Avoid every
kind of evil.
May God himself, the God of peace, sanctify you through and
through. May your whole spirit, soul and body be kept
blameless at the comming of our Lord Jesus Christ. The
one who calls you is faithful and he will do it.

■ 소재 : 스치로폴
　　　아네모네
　　　스킨답서스
　　　조화

■ Materilals : Foaming ball
　　　　Anemone
　　　　Scindapsus aureus
　　　　An imitation flower

예수의 탄생예고 (누가복음 1장 31~35절)

보라 네가 수태하여 아들을 낳으리니 그 이름을 예수라 하라.
저가 큰 자가 되고 지극히 높으신 이의 아들이라 일컬을 것이요
주 하나님께서 그 조상 다윗의 위를 저에게 주시리니 영원히 야곱의 집에
왕노릇 하실 것이며 그 나라가 무궁하리라. 마리아가 천사에게 말하되
나는 사내를 알지 못하니 어찌 이 일이 있으리이까. 천사가 대답하여
가로되 성령이 네게 임하시고 지극히 높으신 이의 능력이 너를
덮으시리니 이러므로 나실바 거룩한 자는 하나님의 아들이라 일컬으리라.

The Announcement of Jesus' birth (Luke 1:31~35)

You will be with child and give birth to a son, and you are to
give him the name Jesus. He will be great and will be called
the Son of the Most High. The Lord God will give him the
throne of his father David, and he will reign over the house
of Jacob forever;his kingdom will never end."
"How will this be,"Mary asked the angel, "since I am a
virgin ?"
The angel answered, "The Holy Spirit will come upon you,
and the power of the Most High will overshadow you. So the
holy one to be born will be called the Son of God.

■ 소재 : 라그라스
　　　거베라
　　　국화 (소국)
　　　편백
　　　볼
　　　초

■ Materials : Hares tail grass
　　　　　　Gerbera 'Estella'
　　　　　　Chrysanthemum 'Funshine'
　　　　　　Green Japanese cypress
　　　　　　Foaming ball
　　　　　　Candle

성탄절 그리스도의 나심을 경축하며 그의 탄생을 축하드리는 계절이다. 이 계절은 크리스마스 이후 1~2주간을 말하는데 12월 25일부터 1월 5일까지 12일간이다.

Christmas celebrating the birth of Jesus Christ. This season is from December 25th until January 5th. The two weeks after Christmas

예수의 탄생 (누가복음 2장 11~14절)

오늘날 다윗의 동네에 너희를 위하여 구주가 나셨으니 곧 그리스도 주시니라 너희가 가서 강보에 싸여 구유에 누인 아기를 보리니 이것이 너희에게 표적이니라 하더니 홀연히 허다한 천군이 그 천사와 함께 있어 하나님을 찬송하여 가로되 지극히 높은 곳에서는 하나님께 영광이요 땅에서는 기뻐하심을 입은 사람들 중에 평화로다.

The Birth of Jesus Christ (Luke 2:11~14)

Today in the town of David a Savior has been born to you; he is Christ the Lord. This will be a sign to you: You will find a bady wrapped in cloths and lying in a manger."
Suddenly a great company of the heavenly host appeared with the angel, praising God and saying,

"Glory to God in the highest, and on earth peace to men on whom his favor rests."

■ 소재 : 향나무
　　　 느티나무
　　　 편백
　　　 포인세티아
　　　 말구유
　　　 초
　　　 초가집

■ Materials : Chinese juniper
　　　　　 Zelkova tree
　　　　　 Green Japanese cypress
　　　　　 Poinsettia
　　　　　 A horse trough
　　　　　 Candle
　　　　　 Grass-roofed house

23

동박박사가 경배하러 오다 (마태복음 2장 6~10절)

또 유대 땅 베들레헴아 너는 유대 고을중에 가장 작지 아니하도다 네게서
한 다스리는 자가 나와서 내 백성 이스라엘의 목자가 되리라 하였음이니이다.
이에 헤롯이 가만히 박사들을 불러 별이 나타난 때를 자세히 묻고
베들레헴으로 보내며 이르되 가서 아기에 대하여 자세히 알아 보고 찾거든
내게 고하여 나도 가서 그에게 경배하게 하라 박사들이 왕의 말을 듣고
갈새 동방에서 보던 그 별이 문득 앞서 인도하여 가다가 아기 있는 곳 위에
머물러 섰는지라 저희가 별을 보고 가장 크게 기뻐하고 기뻐하더라.

The Coming of Wise Men from the East (Matthew 2:6~10)

"But you, Bethlehem, in the land of Judah, are by no means
least among the rulers of Judah;
for out of you will come a ruler who will be the shepherd
of my people Israel."
Then Herod called the Magi secretly and found out from
them the exact time the star had appeared. He sent them to
Bethlehem and said, "Go and make a careful search for the
child, As soon as you find him, report to me, so that I too may
go and worship him."
After they had heard the king, they went on their way, and the
star they had seen in the east went ahead of them until it
stopped over the place where the child was. When they saw
the star, they were overjoyed.

■소재 : 느티나무
　　　포인세티아
　　　눈솔가지
　　　집
　　　선물상자
　　　별

■Materials : Zelkova tree
　　　　　poinsettia
　　　　　Pine twigs shaped like snow
　　　　　House
　　　　　Gift box
　　　　　Star

말구유에 나시다 (누가복음 2장 8~14절)
Jesus, Born in a Manger (Luke 2:8~14)

■ 소재 : 향나무
　　　　느티나무
　　　　스치로폴
　　　　엔젤카네이션
　　　　오부제

■ Materials : Chinese juniper
　　　　　　Zelkova tree
　　　　　　Foaming ball
　　　　　　Dianthus Starlight
　　　　　　Flower wase obiet

26

축복 (누가복음 2장 14~20절)
The Blessing (Luke 2:14~20)

■소재: 느티나무
　　　　포인세티아
　　　　백합
　　　　편백

■Materials: Zelkova tree
　　　　　　　Poinsettia
　　　　　　　Lilium longiflorum
　　　　　　　Green Japanese cypress

탄생 (마태복음 2장 11절)
The Birth (Matthew 2:11)

■소재 : 백합
　　　　안개
　　　　포인세티아
　　　　초

■Materials : Lilium longiflorum
　　　　　　 Gypsophila
　　　　　　 Poinsettia
　　　　　　 Candle

생명의 빛 (요한복음 8장 12절)
The Light of Life （John 8 : 12）

■ 소재 : 눈솔가지
　　　포인세티아
　　　편백
　　　오부제

■ Materials : Pine twigs shaped like snow
　　　　　　Poinsettia
　　　　　　Green Japanese cypress
　　　　　　Flower vase obiet

구원의 빛 (요한복음 1장 1~5절)

태초에 말씀이 계시니라 이 말씀이 하나님과 함께 계셨으니 이 말씀은
곧 하나님이시니라 그가 태초에 하나님과 함께 계셨고 만물이 그로
말미암아 지은바 되었으니 지은 것이 하나도 그가 없이는 된 것이
없느니라 그 안에 생명이 있었으니 이 생명은 사람들의 빛이라 빛이
어두움에 비취되 어두움이 깨닫지 못하더라.

The Light of Salvation (John 1:1~5)

In the beginning was the Word, and the Word was with God,
and the Word was God. He was with God in the beginning.
Through him all things were made; without him nothing was
made that has been made. In him was life, and that life was
the light of men. The light shines in the darkness, but the
darkness has not understood it.

■ 소재 : 느티나무　　　　■Materials : Zelkova tree
　　　포인세티아　　　　　　　　　Poinsettia
　　　전구　　　　　　　　　　　　Light bulb
　　　별　　　　　　　　　　　　Star

평강의 빛 (누가복음 1장 77~79절)
The Light of Peace (Luke 1 : 77~79)

■ 소재 : 오로라필름   ■ Materials : Olora feeling
눈솔가지   Pine twigs shaped like snow
펄 볼   Pull ball
포인세티아   Poinsettia
리본   Ribbon

인류의 빛으로 오시다 (마태복음 4장 16~17절)
Jesus, the Light of Men (Matthew 4:16~17)

■ 소재 : 포인세티아
　　　열매 (조화)
　　　눈솔가지
　　　초
　　　오부제

■ Materials : Poinsettia
　　　　　Imitation fruits
　　　　　Pine twigs shaped like snow
　　　　　Candle
　　　　　Flower vase obiet

영광 (이사야 9장 6절)
The Glory (Isaiah 9:6)

■ 소재 : 느티나무
　　　　포인세티아

■ Materials : Zelkova tree
　　　　　　　Poinsettia

이는 한 아기가 우리에게 났고 한 아들을 우리에게
주신바 되었는데 그 어깨에는 정사를 메었고
그 이름은 기묘자라, 모사라, 전능하신 하나님이라,
영존하시는 아버지라, 평강의 왕이라 할 것임이라.

For to us a child is born, to us a son is
given, and the government will be
on his shoulders. And he will be called
Wonderful Counselor, Mighty God,
Everlasting Father, Prince of peace.

■ 소재 : 포인세티아
　　　　각종조화열매
　　　　리본

■ Materials : Poinsettia
　　　　　　　All sorts of imitation fruits
　　　　　　　Ribbon

빛의 열매 (에베소서 5장 8~13절)
The Fruit of Light (Ephesians 5:8~13)

■소재 : 낙산홍
　　　 향나무 (가이쓰카)
　　　 포인세티아

■ Materials : Finetooth holly
　　　 Kaizuka juniper
　　　 Poinsettia

말씀이 육신이 되다 (요한복음 1장 9~14절)

참빛 곧 세상에 와서 각 사람에게 비취는 빛이 있었나니 그가 세상에
계셨으며 세상은 그로 말미암아 지은바 되었으되 세상이 그를 알지
못하였고 자기 땅에 오매 자기 백성이 영접지 아니하였으나 영접하는 자
곧 그 이름을 믿는자들에게는 하나님의 자녀가 되는 권세를 주셨으니
이는 혈통으로나 사람의 뜻으로 나지 아니하고 오직 하나님께로서
난 자들이니라.   말씀이 육신이 되어 우리 가운데 거하시매 우리가
그 영광을 보니 아버지의 독생자의 영광이요 은혜와 진리가
충만하더라.

The word became flesh (John 1 : 9~14)

The true light that gives light to every man was coming
into the world. He was in the world, and though the world
was made through him, the world did not recognize him.
He came to that which was his own, but his own did not
receive him. Yet to all who received him, to those who
believed in his name, he gave the right to become children of
God – children born not of natural descent, nor of human
desision or a husband's will but born of God.
The World became flesh and made his dwelling among us.
We have seen his glory, his glory of the One and Only, who
came from the Father, full of grace and truth.

주현절 인간에게 하나님이 친히 계시하심을 강조하는 계절로서
현현절 1월 6일부터 시작하여 참회 수요일까지
계속된다. 보통 이 계절은 4∼8주간까지 계속된다.

Epiphany Emphasizing that God Himself exists for humans.
it lasts from January 6th to Ash Wednesday,
from 4-8 weeks.

영광중에 임하리니 (이사야 60장 1∼3절)

일어나라 빛을 발하라 이는 네 빛이 이르렀고 여호와의 영광이 네 위에
임하였음이니라. 보라 어두움이 땅을 덮을 것이며 캄캄함이 만민을
가리우려니와 오직 여호와께서 네 위에 임하실 것이며 그 영광이 네 위에
나타나리니 열방은 네 빛으로, 열왕은 비취는 네 광명으로 나아오리라.

Jesus is coming in the midst of glory. (Isaiah 60 : 1∼3)

"Arise, shine, for your light has come, and the glory of
the Lord rises upon you. See, darkness covers the earth
and thick darkness is over the peoples, but the Lord rises
upon you and his glory appears over you.
Nations will come to your light, and Kings to the brightness
of your dawn.

■ 소재 : 글라디올러스　　　■ Materials : Gladiolus
　　　　　장미　　　　　　　　　　　　　Rosa 'Jack Frost'
　　　　　안개　　　　　　　　　　　　　Gypsophila
　　　　　아스파라거스 미리오　　　　Asparagus umbelllatus
　　　　　금사철　　　　　　　　　　　　Euonymus 'Marieke'

주님의 산상변모일 (마태복음 17장 5절)
Jesus' Transfiguration on the Mountain (Matthew 17 : 5)

■ 소재 : 글라디올러스   ■ Materials : Gladiolus
　　　　장미　　　　　　　　　　　　Rosa 'Jack Frost'
　　　　안개　　　　　　　　　　　　Gypsophila
　　　　드라세나　　　　　　　　　　dracaena
　　　　아스파라거스 미리오　　　　　Asparagus umbelllatus

주님의 수세주일 (마가복음 1장 9~11절)
The Week of Jesus' Baptism　(Mark 1 : 9~11)

■소재 : 장미
　　　　안개
　　　　아스파라거스 미리오
　　　　망사. 바구니
　　　　플라스틱 라인
　　　　덴드로 비움

■Materials : Rosa 'Jack Forst'
　　　　　　　Gypsophila
　　　　　　　Asparagus umbelllatus
　　　　　　　Gause, Basket
　　　　　　　Plastic line
　　　　　　　Dendrobium

사순절 이 계절은 그리스도의 죽음으로 인간의 죄가 속죄되었음을 기억하면서 슬픔과 기쁨을 같이 나누고 교회가 확장되는 계절이다. 이 기간은 40일 즉 4주동안 계속되는데 재의 수요일을 기점으로 하여 고난주간이 이 계절의 절정을 이룬다.

Lent Remembering the redemption of humanity through Jesus'death, we share joy and sadness together and try to expand the church. The season lasts 40days or 6 weeks. The climax of this season is Passion, starting from Ash Wed nesday.

하나님의 은총 (빌립보서 2장 5~8절)

너희 안에 이 마음을 품으라 곧 그리스도 예수의 마음이니 그는 근본 하나님의 본체시나 하나님과 동등됨을 취할 것으로 여기지 아니하시고 오히려 자기를 비어 종의 형체를 가져 사람들과 같이 되었고 사람의 모양으로 나타나셨으매 자기를 낮추시고 죽기까지 복종하셨으니 곧 십자가에 죽으심이라.

The Grace of God (Philippians 2:5~8)

Your attitude should be the same as that of Christ Jesus:
Who, being in very nature God, did not consider equality
with God something to be grasped, but made himself
nothing, taking the very nature of a servant, being made in
human likeness. And being found in appearance as a man,
he humbled himself and became obedient to death —
even death on a cross !

■ 소재 : 십자가
　　　　연산홍
　　　　거베라
　　　　아이리스
　　　　조화
　　　　나리
　　　　카스피아
　　　　스타티스
　　　　종려
　　　　탱자나무
　　　　망사

■ Materials : Cross
　　　　　　　Rose bay azaltea
　　　　　　　Gerbera
　　　　　　　Iris
　　　　　　　An imitation flower
　　　　　　　Lilium 'Ladykiller'
　　　　　　　Statice caspia
　　　　　　　Limonium Sinuatum
　　　　　　　Windmill palm
　　　　　　　Trifoliate orange
　　　　　　　Gauze

광야에서 시험을 받으시다 (마가복음 1장 12~15절)

성령이 곧 예수를 광야로 몰아내신지라 광야에서 사십 일을 계셔서
사단에게 시험을 받으시며 들짐승과 함께 계시니 천사들이 수종들더라.
요한이 잡힌 후 예수께서 갈릴리에 오셔서 하나님의 복음을 전파하여
가라사대 때가 찼고 하나님 나라가 가까웠으니 회개하고 복음을 믿으라
하시더라.

The Temptations in the Wilderness (Mark 1:12~15)

At once the Spirit sent him out into the desert, and he was
in the desert forty days, being tempted by Satan. He was
with the wild animals, and angels attended him.
After John was put in prison, Jesus went into Galilee,
proclaiming the good news of God. "The time has come," he
said. "The kingdom of God is near. Repent and believe the
good news ! "

■ 소재 : 탱자나무
　　　아이리스
　　　아스파라거스 미리오

■ Materials : Trifoliate orange
　　　　　Iris
　　　　　Asparagus umbelllatus

하나님의 사랑 (로마서 8장 38~39절)

내가 확신하노니 사망이나 생명이나 천사들이나 권세자들이나 현재
일이나 장래일이나 능력이나 높음이나 깊음이나 다른 아무 피조물이라도
우리를 우리 주 그리스도 예수 안에 있는 하나님의 사랑에서 끊을 수
없으리라.

The Love of God (Romans 8:38~39)

For I am convinced that neither death nor life, neither
angels nor demons, neither the present nor the
future, nor anypowers, neither height nor depth,
nor anything else in all creation, will be able to separate us
from the love of God that is in Christ Jesus our Lord.

■소재 : 탱자나무
　　　 튜울립

■Materials : Trifoliate orange
　　　　　　Tulipa 'AdRem'

그리스도를 통한 하나님과의 화해 (에베소서 2장 12~14절)

그 때에 너희는 그리스도 밖에 있었고 이스라엘 나라 밖의 사람이라
약속의 언약들에 대하여 외인이요 세상에서 소망이 없고 하나님도 없는
자이더니 이제는 전에 멀리 있던 너희가 그리스도 예수 안에서 그리스도의
피로 가까와졌느니라. 그는 우리의 화평이신지라 둘로 하나를 만드사
중간에 막힌 담을 허시고

Reconciliation through Jesus Christ (Ephesians 2 : 12~14)

Rember that at that time you were separate from Christ,
excluded from citizenship in Israel and foreigners to the
covenants of the promise, without hope and without God in
the world. But now in Christ Jesus you who once were far
away have been brought near through the blood of Christ.
For he himself is our peace, who has made the two one and
has destroyed the barrier, the dividing wall of hostility.

■ 소재 : 카스피아
　　　　금어초
　　　　망사
　　　　플라스틱 라인
　　　　베고니아

■ Materials : Statice caspia
　　　　　　　Snapdragon
　　　　　　　Gauze
　　　　　　　Plastic line
　　　　　　　Begonia

세상을 사랑하심 (요한복음 3장 16~17절)

하나님이 세상을 이처럼 사랑하사 독생자를 주셨으니 이는 저를 믿는 자마다 멸망치 않고 영생을 얻게 하려 하심이니라 하나님이 그 아들을 세상에 보내신 것은 세상을 심판하려 하심이 아니요 저로 말미암아 세상이 구원을 받게하려 하심이라.

God loves the world (John 3:16~17)

"For God so loved the world that he gave his one and only Son, that whoever believes in him shall not perish but have eternal life. For God did not send his Son into the world to condemn the world, but to save the world through him.

■ 소재 : 카스피아
　　　알리움
　　　드라세나

■ Materials : Statice caspia
　　　　　allium
　　　　　dracaena

종려주일
Palm Sunday

고난의 종 (이사야 53장 4~6절)

그는 실로 우리의 질고를 지고 우리의 슬픔을 당하였거늘 우리는
생각하기를 그는 징벌을 받아서 하나님에게 맞으며 고난을 당한다
하였노라 그가 찔림은 우리의 허물을 인함이요 그가 상함은 우리의
죄악을 인함이라 그가 징계를 받음으로 우리가 평화를 누리고 그가
채찍에 맞음으로 우리가 나음을 입었도다. 우리는 다 양 같아서 그릇
행하여 각기 제 길로 갔거늘 여호와께서는 우리 무리의 죄악을 그에게
담당시키셨도다.

The Suffering Servant (Isaiah 53:4~6)

Surely he took up our infirmities and carried our sorrows,
yet we considered him stricken by God, smitten by him, and
afflicted.
But he was pierced for our transgressions, he was crushed
for our iniquities; the punishment that brought us peace was
upon him, and by his wounds we are healed.
We all, like sheep, have gone astray, each of us has turned
to his own way; and the Lord has laid on him the iniquity of
us all.

■소재 : 탱자나무　　　■Materials : Trifoliate orange
　　튜울립　　　　　　　　　　Tulip
　　아이리스　　　　　　　　　Iris
　　장미　　　　　　　　　　　Rosa
　　종려　　　　　　　　　　　Windmill palm
　　아네모네　　　　　　　　　Anemone

피로 세운 새 언약 (누가복음 22장 16~20절)

내가 너희에게 이르노니 이 유월절이 하나님의 나라에서 이루기까지 다시
먹지 아니하리라 하시고 이에 잔을 받으사 사례하시고 가라사대 이것을
갖다가 너희끼리 나누라 내가 너희에게 이르노니 내가 이제부터 하나님의
나라가 임할 때까지 포도나무에서 난 것을 다시 마시지 아니하리라
하시고 또 떡을 가져 사례하시고 떼어 저희에게 주시며 가라사대 이것은
너희를 위하여 주는 내 몸이라 너희가 이를 행하여 나를 기념하라 하시고
저녁 먹은 후에 잔도 이와 같이 하여 가라사대 이 잔은 내 피로 세우는
새 언약이니 곧 너희를 위하여 붓는 것이라.

The new covenant in Jesus' blood (Luke 22:16~20)

For I tell you, I will not eat it again until it finds fulfillment
in the kingdom of God."
After taking the cup, he gave thanks and said, "Take this and
divide it among you. For I tell you I will not drink again of
the fruit of the vine until the kingdom of God comes."
And he took bread, gave thanks and broke it, and gave it to
them, saying, "This is my body given for you;do this in
remembrance of me."
In the same way, after the supper he took the cup, saying,
"This cup is the new covenant in my blood, which is poured
out for you.

■ 소재 : 리아트리스
　　　　리시안서스
　　　　카스피아

■ Materials : Liatris 'Callilepis'
　　　　　　　Eustoma
　　　　　　　Statice caspia

성금요일

이 주간은 예수그리스도의 고난과 죽음의 마음으로 동참하는 기간으로서 부활 주일 전 토요일밤 12시까지를 말한다.

Good Friday

Sharing Jesus'suffering and death until midnight on the Saturday before Easter.

고난 받으시다 (마태복음 27장 29～31절)

가시 면류관을 엮어 그 머리에 씌우고 갈대를 그 오른손에 들리고 그 앞에서 무릎을 꿇고 희롱하여 가로되 유대인의 왕이여 평안할지어다 하며 그에게 침 뱉고 갈대를 빼앗아 그의 머리를 치더라 희롱을 다한 후 홍표를 벗기고 도로 그의 옷을 입혀 십자가에 못 박으려고 끌고 나가니라.

Jesus suffers (Matthew 27 : 29～31)

And then twisted together a crown of thorns and set it on his head. They put a staff in his right hand and knelt in front of him and mocked him. "Hail, king of the Jews !"they said. They spit on him, and took the staff and struck him on the head again and again. After they had mocked him, they took off the robe and put his own clothes on him. Then they led him away to crucify him.

나를 믿으면 영생을 얻으리라. 지금도 우리를 부르시는 주님의 음성 귓가에 맴도는데 찬란했던 태초의 동산위에는 온갖 공해와 죄악으로 어둡고 삭막해져 간다. 나와 너의 죄로 인해 그 분은 피흘리시고 온몸이 갈갈이 찢기신채— 아버지 저들의 죄를 용서하여 주소서.

■소재 : 장미 (조화)
　　　목련 (조화)
　　　철망

■Materials : Rose(Imition flower)
　　　　　　Thurber's magnolia (Imition flower)
　　　　　　Wire cago

십자가에 못박히시다 (누가복음 23장 33~34절)

해골이라 하는 곳에 이르러 거기서 예수를 십자가에 못 박고 두 행악자도
그렇게 하니 하나는 우편에, 하나는 좌편에 있더라 이에 예수께서 가라사대
아버지여 저희를 사하여 주옵소서 자기의 하는 것을 알지 못함이니이다
하시더라 저희가 그의 옷을 나눠 제비 뽑을새.

Jesus was nailed to the cross (Luke 23:33~34)

When they came to the place called the Skull, there they
crucified him, along with the criminals – one on his right, the
other on his left. Jesus said, "Father, forgive them, for they
do not know what they are doing." And they divided up his clothes
clothes by casting lots.

■ 소재 : 나리
　　　　화살나무
　　　　나무껍질
　　　　고목
　　　　망치
　　　　소나무

■ Materials : Lilium 'Ladykiller'
　　　　　　　Winged spindle tree
　　　　　　　The bark of a tree
　　　　　　　A dead tree
　　　　　　　A hammer
　　　　　　　Pine tree

십자가에 운명하시다 (요한복음 19장 28~30절)

이 후에 예수께서 모든 일이 이미 이룬줄 아시고 성경으로 응하게
하려하사 가라사대 내가 목마르다 하시니 거기 신 포도주가 가득히 담긴
그릇이 있는지라 사람들이 신 포도주를 머금은 해 융을 우슬초에 매어
예수의 입에 대니 예수께서 신 포도주를 받으신 후 가라사대 다 이루었다
하시고 머리를 숙이시고 영혼이 돌아가시니라.

Jesus died on the cross (John 19:28~30)

Later, knowing that all was now completed, and so that the
Scripture would be fulfilled, Jesus said, "I am thirsty." A jar
of wine vinegar was there, so they soaked a sponge in it, put
the sponge on a stalk of the hyssop plant, and lifted it to
Jesus' lips. When he had received the drink, Jesus said, "It is
finished." With that, he bowed his head and gave up his
spirit.

■ 소재 : 영산홍　　　■ Materials : Rose bay azalea
　　탱자나무　　　　　　　　　　Trifoliate orange
　　나무껍질　　　　　　　　　　The bark of a tree
　　십자가　　　　　　　　　　　Cross
　　안스리움　　　　　　　　　　Flamingo flower
　　양마　　　　　　　　　　　　Okra

최후의 만찬 (마태복음 26장 26~28절)
The Last Supper (Matthew 26 : 26~28)

■ 소재 : 글라디올러스　　■ Materials : Gladiolus
　　　백합　　　　　　　　　　Lilium longiflorum
　　　안개　　　　　　　　　　Gypsophila
　　　아스파라거스 스프링게리　Asparagus Spriengeri

저희가 먹을 때에 예수께서 떡을 가지사 축복하시고 떼어 제자들을
주시며 가라사대 받아 먹으라 이것이 내 몸이니라 하시고 또 잔을 가지사
사례하시고 저희에게 주시며 가라사대 너희가 다 이것을 마시라 이것은
죄 사함을 얻게 하려고 많은 사람을 위하여 흘리는바 나의 피
곧 언약의 피니라.

While they were eating, Jesus took bread, gave thanks and
broke it, and gave it to his disciples, saying, "Take and eat;
this is my body."
Then he took the cup, gave thanks and offered it to them,
saying, "Drink from it, all of you. This is my blood of the
covenant, which is poured out for many for the
forgiveness of sins.

그리스도의 몸과 지체 (고린도전서 12장 13절)
The Body of Christ (1 Corinthians 12:13)

■ 소재 : 조팝나무
　　　　글라디올러스
　　　　백합
　　　　쥐똥나무
　　　　금사철

■ Materials : Bridal wreath
　　　　　　　Gladiolus
　　　　　　　Lilium longiflorum
　　　　　　　Border privet
　　　　　　　Euonymus 'Marieke'

주의 성찬 (고린도전서 11장 23～27절)
The Lord's Supper (1 Corinithians 11:23～27)

■소재 : 프리지어
　　　　엽란
　　　　아스파라거스 미리오

■Materials : Freesia
　　　　　　Cast-iron plant
　　　　　　Asparagus umbelllatus

생명의 떡 (요한복음 6장 47~48절)
The Bread of Life (John 6:47~48)

■소재 : 설류화
　　　　글라디올러스
　　　　리시안서스
　　　　점쉬땅나무
　　　　몬스테라

■Materials : Thubergs spirea
　　　　　　Gladiolus
　　　　　　Eustoma
　　　　　　False spirea
　　　　　　Monstera

부활절

그리스도의 부활을 축하하는 절기로서 부활주일부터 50일간, 즉 7주까지로 승천일, 부활후 40일 동안 예수그리스도는 어느때나 어디서나 주가 되심을 확인하는 계절이다.

Easter

Celebrating Jesus' resurrection. It continues for 50days from Easter which covers 7 weeks. This season gives confirmation that Jesus is our Saviour any time and any place after His resurrection.

부활 (요한복음 11장 25~26절)

나는 부활이요 생명이니 나를 믿는 자는 죽어도
살겠고 무릇 살아서 나를 믿는 자는 영원히
죽지 아니하리니.

Easter (John 11 : 25~26)

"I am the resurrection and the life.
He who believes in me will live, even though
he dies, and whoever lives lives and believes
in me will never die.

■ 소재 : 백합
아스파라거스
안개
망사

■ Materials : Lilium long
Asparagus
Gypsophila
Gauze

죽은자 가운데서 살아나시다 (고린도전서 15장 20~22절)

그러나 이제 그리스도께서 죽은 자 가운데서 다시 살아 잠자는 자들의
첫 열매가 되셨도다. 사망이 사람으로 말미암았으니 죽은 자의 부활도
사람으로 말미암는도다. 아담 안에서 모든 사람이 죽은것 같이 그리스도
안에서 모든 사람이 삶을 얻으리라.

Jesus rose from the dead (1 Corinthians 15:20~22)

But Christ has indeed been raised from the dead, the
firstfruits of those who have fallen asleep. For since death
came through a man, the resurrection of the dead comes also
through a man. For as in Adam all die, so in Christ all will
be made alive.

■ 소재 : 설류화
　　　백합
　　　몬스테라
　　　천사
　　　십자가

■ Materials : Thubergs spirea
　　　　　　　Lilium longiflorum
　　　　　　　Monstera
　　　　　　　Angel
　　　　　　　Cross

빈 무덤 (요한복음 20장 11~14절)

마리아는 무덤 밖에 서서 울고 있더니 울면서 구푸려 무덤 속을
들여다보니 흰 옷 입은 두 천사가 예수의 시체 뉘었던 곳에 하나는
머리편에, 하나는 발 편에 앉았더라 천사들이 가로되 여자여 어찌하여
우느냐 가로되 사람이 내 주를 가져다가 어디 두었는지 내가 알지
못함이니이다. 이 말을 하고 뒤로 돌이켜 예수의 서신 것을 보나 예수신줄
알지 못하더라.

The Empty Tomb (John 20:11~14)

Then the disciples went back to their homes, but Mary stood
outside the tomb crying. As she wept, she bent over to look
into the tomb and saw two angels in white, seated where
Jesus'body had been, one at the head and the other at the
foot. They asked her, "Woman, why are you crying ? "
"They have taken my Lord away" she said, "and I don't know
where they have put him."At this, she turned around and saw
Jesus standing there, but she did not realize that it was Jesus.

■소재 : 백합
　　안개
　　설류화
　　향나무
　　계란
　　솜

■Materials : Lilium longiflorum
　　　　　 Gypsophila
　　　　　 Thubergs spirea
　　　　　 Chinese juniper
　　　　　 Egg
　　　　　 Cotton

생명의 말씀 (베드로전서 1장 23~25절)

너희가 거듭난 것이 썩어질 씨로 된 것이 아니요 썩지 아니할 씨로 된
것이니 하나님의 살아 있고 항상 있는 말씀으로 되었느니라 그러므로
모든 육체는 풀과 같고 그 모든 영광이 풀의 꽃과 같으니 풀은 마르고
꽃은 떨어지되 오직 주의 말씀은 세세토록 있도다
하였으니 너희에게 전한 복음이 곧 이 말씀이니라.

The Word of Life (1 Peter 1:23~25)

For you have been born again, not of perishable seed, but of
imperishable, through the living and enduring word of God.
For, "All men are like grass, and all their glory is like
the flowers of the field; the grass withers and the flowers fall,
but the word of the Lord stands forever." And this is the
word that was preached to you.

■ 소재 : 향나무   ■ Materials : Kaizuka juniper
      백합   Lilium longiflorum
      안개꽃   Gypsophila
      아스파라거스 미리오   Asparagus umbelllatus
      계란   Egg
      엔젤헤어   Angel hair

산 소망 (베드로전서 1장 19~21절)

오직 흠 없고 점 없는 어린양 같은 그리스도의 보배로운 피로 한 것이니라
그는 창세전부터 미리 알리신바 된 자나 이 말세에 너희를 위하여
나타내신바 되었으니 너희는 저를 죽은자 가운데서 살리시고 영광을 주신
하나님을 그리스도로 말미암아 믿는 자니 너희 믿음과 소망이 하나님께
있게 하셨느니라.

The Living Hope (1 Peter 1:19~21)

But with the precious blood of Christ, a lamb without blemish
or defect. He was chosen before the creation of the world,
but was revealed in these last times for your sake. Through
him you believe in God, who raised him from the dead and
glorified him, and so your faith and hope are in God.

■ 소재 : 목련
　　　　백합
　　　　엽란
　　　　몬스테라

■ Materials : Thurber's magnolia
　　　　　　　Lilium longiflorum
　　　　　　　Cast-iron plant
　　　　　　　Monstera

진리의 생명 (고린도전서 15장 51~53절)

보라 내가 너희에게 비밀을 말하노니 우리가 다 잠잘 것이 아니요
마지막 나팔에 순식간에 홀연히 다 변화하리니 나팔 소리가 나매 죽은
자들이 썩지 아니할 것으로 다시 살고 우리도 변화하리라 이 썩을 것이
불가불 썩지 아니할 것을 입겠고 이 죽을 것이
죽지 아니함을 입으리로다.

The living Truth (1 Corinthians 15 : 51~53)

Listen, I tell you a mystery : We will not all sleep, but we will
all be changed— in a flash, in the twinkling of an eye, at the
last trumpet. For the trumpet will sound, the dead will be
raised imperishable, and we will be changed. For the
perishable must clothe itself with the imperishable, and the
mortal with immortality.

■ 소재 : 글라디올러스
　　백합
　　프리지어
　　안개
　　망사
　　소철

■ Materials : Gladiolus
　　　　　Lilium longiflorum
　　　　　Freesia
　　　　　Gypsophila
　　　　　Gauze
　　　　　Sago palm, cycad

예수의 평화 (요한복음 20장 19~23절)

이날 곧 안식 후 첫날 저녁 때에 제자들이 유대인들을 두려워하여 모인
곳에 문들을 닫았더니 예수께서 오사 가운데 서서 가라사대 너희에게
평강이 있을지어다. 이 말씀을 하시고 손과 옆구리를 보이시니 제자들이
주를 보고 기뻐하더라 예수께서 또 가라사대 너희에게 평강이 있을지어다
아버지께서 나를 보내신 것 같이 나도 너희를 보내노라 이 말씀을 하시고
저희를 향하사 숨을 내쉬며 가라사대 성령을 받으라 너희가 뉘 죄든지
사하면 사하여질것이요 뉘 죄든지 그대로 두면 그대로 있으리라 하시니라.

The peace of Jesus Christ (John 20 : 19~23)

On the evening of that first day of the week, when the
disciples were together, with the doors locked for fear of
the Jews, Jesus came and stood among them and said,
"Peace be with you"After he said this, he showed them his
hands and side. The disciples were overjoyed when they saw
the Lord.
Again Jesus said, "Peace be with you ! As the Father has
sent me, I am sending you."And with that he breathed on them
and said, "Receive the Holy Spirit. If you forgive anyone
his sins, they are forgiven;if you do not forgive them,
they are not forgiven."

■소재 : 조팝나무
　　　 글라디올러스
　　　 백합
　　　 쥐똥나무

■Materials : Bridal wreath
　　　　　　 Gladiolus
　　　　　　 Lilium longiflorum
　　　　　　 Border privet

승천일
Ascension Day

예수의 승천 (사도행전 1장 9~11절)

이 말씀을 마치시고 저희 보는데서 올리워 가시니 구름이 저를 가리워 보이지 않게 하더라 올라가실 때에 제자들이 자세히 하늘을 쳐다 보고 있는데 흰 옷 입은 두 사람이 저희 곁에 서서 가로되 갈릴리 사람들아 어찌하여 서서 하늘을 쳐다 보느냐 너희 가운데서 하늘로 올리우신 이 예수는 하늘로 가심을 본 그대로 오시리라 하였느니라.

Jesus' Ascension (Acts 1 : 9~11)

After he said this, he was taken up before their very eyes, and a cloud hid him from their sight.
They were looking intently up into the sky as he was going, when suddenly two men dressed in white stood beside them. "Men of Galilee," they said, "why do you stand here looking into the sky? This same Jesus, who has been taken from you into heaven, will come back in the same way you have seen him go into heaven."

■ 소재 : 백합
　　안개
　　아스파라거스 미리오
　　망사, 리본
　　프리지어

■ Materials : Lilium longiflorum
　　Gypsophila
　　Asparagus umbelllatus
　　Gauze , Ribbon
　　Freesia

오소서 주 예수여 (요한계시록 22장 17~20절)

성령과 신부가 말씀하시기를 오라 하시는도다 듣는 자도 오라 할 것이요
목마른 자도 올 것이요 또 원하는 자는 값없이 생명수를 받으라 하시더라.
내가 이 책의 예언의 말씀을 듣는 각인에게 증거하노니 만일 누구든지
이것들 외에 더하면 하나님이 이 책에 기록된 재앙들을 그에게 더하실
터이요, 만일 누구든지 이 책의 예언의 말씀에서 제하여 버리면 하나님이
이 책에 기록된 생명 나무와 및 거룩한 성에 참예함을 제하여 버리시리라.
이것들을 증거하신 이가 가라사대 내가 진실로 속히 오리라 하시거늘
아멘 주 예수여 오시옵소서.

Come, Lord Jesus! (Revelation 22:17~20)

The Spirit and the bride say, "Come !"And let him who hears
say ,"Come ! "Whoever is thirsty, let him come;and whoever
wishes, let him take the free gift of the water of life.
I warn everyone who hears the words of the prophecy of
this book:If anyone adds anything to them, God will add to him
him the plagues described in this book, And if anyone takes
words away from this book of prophecy, God will take away
from him his share in the tree of life and in the holy city,
which are described in this book.
He who testifies to these things says, "Yes, I am coming soon."
Amen. Come, Lord Jesus.

■소재 : 금사철
　　　　글라디올러스
　　　　장미
　　　　몬스테라

■Materials : Euonymus 'Marieke'
　　　　　　 Gladiolus
　　　　　　 Rosa 'Jack Frost'
　　　　　　 Monstera

성령강림절 이 계절에는 교회에 성령이 선물로 주어짐을 기억하는 계절로서 어떻게 하나님의 자녀들이 성령의 인도하심 아래서 살아가고 있나를 반영하는 계절이다.
이 계절은 부활후 일곱째 주일부터 시작하여 대강절이 시작되는 때이다.

Pentecost Remembering when to Holy Spirit came to the Church as God's gift. This season reflects how God's children live with His guidance. This season begins the seventh week after Easter and lasts until Advent.

성령이 임하시다 (사도행전 2장 1~4절)

오순절 날이 이미 이르매 저희가 다 같이 한곳에 모였더니 홀연히 하늘로부터 급하고 강한 바람 같은 소리가 있어 저희 앉은 온 집에 가득하며 불의 혀 같이 갈라지는 것이 저희에게 보여 각 사람 위에 임하여 있더니 저희가 다 성령의 충만함을 받고 성령이 말하게 하심을 따라 다른 방언으로 말하기를 시작하니라.

The Holy Spirit comes (Acts 2:1~4)

When the day of Pentecost came, they were all together in one place. Suddenly a sound like the blowing of a violent wind came from heaven and filled the whole house where they were sitting. They saw what seemed to be tongues of fire that separated and came to rest on each of them. All of them were filled with the Holy Spirit and began to speak in other tongues as the Spirit enabled them.

■ 소재 : 글라디올러스 ■ Materials : Gladiolus
   거베라   Gerbera
   편백   Green Japanese cypress
   댑싸리   Belvedere
   아스파라거스 미리오 Asparagus umbelllatus

성령의 약속 (요한복음 14장 15~17절)

너희가 나를 사랑하면 나의 계명을 지키리라 내가 아버지께 구하겠으니
그가 또 다른 보혜사를 너희에게 주사 영원토록 너희와 함께 있게
하시리니 저는 진리의 영이라 세상은 능히 저를 받지 못하나니 이는 저를
보지도 못하고 알지도 못함이라 그러나 너희는 저를 아나니 저는 너희와
함께 거하심이요 또 너희 속에 계시겠음이라.

The Promise of the Holy Spirit (John 14:15~17)

If you love me, you will obey what I command, And I will ask
the Father, and he will give you another Counselor to be
with you forever— the Spirit of truth. The world cannot
accept him, because it neither sees him nor knows him.
But you know him, for he lives with you and will be in you.

■ 소재 : 글라디올러스
　　거베라
　　장미
　　공작편백
　　댑싸리
　　엽란

■ Materials : Gladiolus
　　Gerbera
　　Rosa Diplomat
　　Chamaecyparis
　　Belvedere
　　Cast-iron-plant

성령의 하시는 일 (요한복음 16장 13~14절)

그러하나 진리의 성령이 오시면 그가 너희를 모든 진리 가운데로
인도하시리니 그가 자의로 말하지 않고 오직 듣는 것을 말하시며 장래
일을 너희에게 알리시리라. 그가 내 영광을 나타내리니 내 것을 가지고
너희에게 알리겠음이니라.

What the Holy Spirit does (John 16:13~14)

But when he, the Spirit of truth, comes, he will guide you
into all truth. He will not speak on his own; he will speak only
what he hears, and he will tell you what is yet to come.
He will bring glory to me by taking from what is mine and
making it known to you.

■ 소재 : 글라디올러스
　　　　다알리아
　　　　카스피아
　　　　탑사철

■ Materials : Gladiolus
　　　　　　Dahlia
　　　　　　Statice caspia
　　　　　　Tower spindle tree

베드로의 오순절 설교 (사도행전 2장 17~21절)
Sermon by Peter at Pentecost (Acts 2:17~21)

■ 소재 : 병꽃나무
　　　거베라
　　　떡갈나무
　　　댑싸리

■ Materials : Weigela subsessilis
　　　　　　Gerbera
　　　　　　Overcup oak
　　　　　　Belvedere

성령은 역사하시다 (사도행전 2장 19~22절)
The Work of the Holy Spirit (Acts 2:19~22)

■ 소재 : 글라디올러스   ■ Materials : Gladiolus
        거베라   Gerbera
        몬스테라   Monstera
        댑싸리   Belvedere
        라그라스   Hares tail grass
        아스파라거스 미리오   Asparagus umbellatus
        마리안느   Dieffenbachia

성령의 열매 (갈라디아서 5장 22~26절)

오직 성령의 열매는 사랑과 희락과 화평과 오래 참음과 자비와 양선과
충성과 온유와 절제니 이같은 것을 금지할 법이 없느니라 그리스도
예수의 사람들은 육체와 함께 그 정과 욕심을 십자가에 못 박았느니라.
만일 우리가 성령으로 살면 또한 성령으로 행할지니 헛된 영광을 구하여
서로 격동하고 서로 투기하지 말지니라.

The Fruit of the Holy Spirit (Galatians 5:22~26)

But the fruit of the Spirit is love, joy, peace, patience,
kindness, goodness, faithfulness, gentleness and self-control.
Against such things there is no law. Those who belong to
Christ Jesus have crucified the sinful nature with its
passions and desires. Since we live by the Spirit, let us keep
in step with the Spirit. Let us not become conceited,
provoking and envying each other.

성령의 충만한 삶 (사도행전 4장 8~11절)
Life within the Holy Spirit (Acts 4:8~11)

■ 소재 : 댑싸리
　　　거베라
　　　엽란
　　　셀로움

■ Materials : Belvedere
　　　　　Gerbera
　　　　　Cast-iron plant
　　　　　Selloum philodendron

믿는자의 축복 (사도행전 2장 21절)
Blessings on Believers (Acts 2:21)

■ 소재 : 은엽 아카시아
　　　　양귀비
　　　　안스리움
　　　　레인보우 트리칼라

■ Materials : Acacia Baileyana
　　　　　　Opium poppy
　　　　　　Anthurium

믿는자의 기쁨 (사도행전 5장 40~42절)

저희가 옳게 여겨 사도들을 불러들여 채찍질하며 예수의 이름으로 말하는
것을 금마고 놓으니 사도들은 그 이름을 위하여 능욕 받는 일에 합당한
자로 여기심을 기뻐하면서 공회 앞을 떠나니라 저희가 날마다 성전에
있든지 집에 있든지 예수는 그리스도라 가르치기와 전도하기를 쉬지
아니하니라.

The joy of believers (Acts 5 : 40~42)

His speech persuaded them. They called the apostles in and
had them of Jesus, and let them go.
The apostles left the Sanhedrin, rejoicing because they
had been counted worthy of suffering disgrace for the
Name. Day after day, in the temple courts and from house
to house. they never stopped teaching and proclaiming the
good news that Jesus is the Christ

■소재 : 글라디올러스　　　■Materials : Gladiolus

삼위일체주일
Trinity sunday

하나님의 자녀 (로마서 8장 14~17절)

무릇 하나님의 영으로 인도함을 받는 그들은 곧 하나님의 아들이라
너희는 다시 무서워하는 종의 영을 받지 아니하였고 양자의 영을
받았으므로 아바 아버지라 부르짖느니라 성령이 친히 우리 영으로 더불어
우리가 하나님의 자녀인 것을 증거하시나니 자녀이면 또한 후사 곧
하나님의 후사요 그리스도와 함께한 후사니 우리가 그와 함께 영광을
받기 위하여 고난도 함께 받아야 될 것이니라.

God's Children (Romans 8:14~17)

Because those who are led by the Spirit of God are sons of
God. For you did not receive a spirit that makes you a slave
again to fear, but you received the Spirit of sonship. And by
him we cry, "*Abba*, Father." The Spirit himself testifies with
our spirit that we are God's children. Now if we are children,
then we are heirs—heirs of God and cohcirs with Christ,
if indeed we share in his sufferings in order that we may
also share in his glory.

■소재 : 은엽아카시아
　　　백합
　　　카네이션

■Materials : Acacia Baileyana
　　　　　 Lilium longiflorum
　　　　　 Dianthus Roma.

제자들의 사명 (마태복음 28장 18~20절)
The Disciples' Mission (Matthew 28 : 18~20)

■ 소재 : 거베라
　　　　스킨답서스
　　　　아스파라거스 미리오
　　　　쥐세리

■ Materials : Gerbera
　　　　　　Scindapsus aureus
　　　　　　Asparagus umbelllatus

성령이 주시는 생명 (에베소서 4장 4~5절)
Life Given by the Holy Spirit (Ephesians 4:4~5)

■ 소재 : 백합
     플록스
     리시안서스
     셀로움

■ Materials : Lilium longiflorum
          Annual phlox
          Eustoma
          Selloum philodendron

주의 영광을 위하여 (고린도전서 6장 20절)
For the Glory of God (1 Corinthians 6:20)

■ 소재 : 글라디올러스
　　　백합
　　　엽란

■ Materials : Gladiolus
　　　　　　Lilium longiflorum
　　　　　　Cast-iron plant

승리의 안식 (이사야 41장 10절)
Victory's Rest (Isaiah 41 : 10)

■소재 : 양골담초   ■Materials : Scotch broom
　　　　나리   Lilium 'Connecticutking'
　　　　점쉬땅나무   False spirea
　　　　아스파라거스 미리오   Asparagus umbelllatus

맥추절
The Harvest Festival

첫 소산을 드림 (출애굽기 23장 16~19절)

맥추절을 지키라 이는 네가 수고하여 밭에 뿌린 것의 첫 열매를 거둠이니라
수장절을 지키라 이는 네가 수고하여 이룬 것을 연종에 밭에서부터 거두어
저장함이니라 너의 모든 남자는 매년 세번씩 여호와께 보일지니라 너는
내 희생의 피를 유교병과 함께 드리지 말며 내 절기 희생의 기름을
아침까지 남겨 두지 말지니라 너의 토지에서 처음 익은 열매의 첫것을
가져다가 너의 하나님 여호와의 전에 드릴지니라 너는 염소 새끼를 그
어미의 젖으로 삶지 말지니라.

Bring the first fruits to God (Exodus 23:16~19)

"Celebrate the Feast of Harvest with the firstfruits of the
crops you sow in your filed. "Celebrate the Feast of
Ingathering at the end of the year, when you gather in your
crops from the field. "Three times a year all the men are to
appear before the Sovereign Lord. "Do not offer the blood of
a sacrifice to me along with anything containing yeast.
"The fat of my festival offerings must not be kept until
morning. "Bring the best of the firstfruits of your soil to
the house of the Lord your God. "Do not cook a young
goat in its mother's milk.

■소재 : 쥐똥나무   ■Materials : Border privet
　　　장미   Rosa 'Diplomat'
　　　점쉬땅나무   False spirea
　　　거베라   Gerbera
　　　수박, 참외   Water melon, melon

헌사 (신명기 16장 9~16절)
Dedication (Deuteronomy 16:9~16)

■ 소재 : 수수   ■ Materials : Indian millet
     국화   Chrysanthmum
     화초 도마토   Solanum lnter lntegrifolium poir
     기린초   Sedum kamtschaticum

복음의 열매
Fruit of the Gospel

■소재 : 국화
　　　 화초토마토
　　　 조
　　　 몬스테라

■Materials : Chyrsanthemum
　　　　　　Solanum inter integrifolium poir
　　　　　　Millet
　　　　　　Monstera

규례를 행하는자의 기쁨 (신명기 12장 6~7절)
Joy of Keeping God's Commandments (Deuteronomy 12:6~7)

■소재 : 알리움
　　　　나리
　　　　카네이션
　　　　청미레덩굴 (망개)
　　　　쥐똥나무

■Materials : Allium giganteum
　　　　　　Lilium 'Yellow Giant'
　　　　　　Dianthus 'Desio'
　　　　　　Green brire
　　　　　　Border privet

규례를 행하는 자의 축복 (갈라디아서 6장 7~9절)
Blessings upon Keepers of God's Commendments (Galatians 6:7~9)

■소재 : 부들
　　　　설류화
　　　　점쉬땅나무
　　　　장미
　　　　몬스테라
　　　　끌룽

■Materials : Great cat's tail
　　　　　　Thubergs spirea
　　　　　　False spirea
　　　　　　Rosa 'Only Love'
　　　　　　Monstera

성서주일
The Bible Week

하나님의 말씀 (디모데후서 3장 16~17절)

모든 성경은 하나님의 감동으로 된 것으로 교훈과 책망과 바르게 함과
의로 교육하기에 유익하니 이는 하나님의 사람으로 온전케 하며 모든
선한 일을 행하기에 온전케 하려 함이니라.

The God's Word (2 Timothy 3:16~17)

All Scripture is God-breathed and is useful for teaching,
rebuking, correcting and training in righteousness, so that
the man of God may be thoroughly equipped for every good
work.

■ 소재 : 향나무
　　　백합
　　　안개
　　　소철

■ Materials : Kaizaka juniper
　　　　　　 Lilium longiflorum
　　　　　　 Gypsophila
　　　　　　 Sago palm, cycad

하나님의 진리 (요한복음 17장 17절)
The Truth of God (John 17 : 17)

■소재 : 동백
　　　 국화

■Materials : camellia
　　　　　　 chrysanthemum

신비한 말씀 (시편 19장 18절)
The Mysterious Word (Psalms 19:18)

■ 소재 : 향나무 (가이쓰카)　　■ Materials : Kaizuka juniper
　　　　백합　　　　　　　　　　　　　Lilium longiflorum
　　　　거베라　　　　　　　　　　　　Gerber
　　　　스킨다비스　　　　　　　　　　Scindapsus Aureus
　　　　편백　　　　　　　　　　　　　Green japanese cypress
　　　　아스파라거스 미리오　　　　　Asparagus umbelllatus

하나님의 사랑 (요한1서 4장 7~8절)
God's Love (1 John 4:7~8)

■ 소재 : 글라디올러스
　　　　장미
　　　　안개
　　　　아스파라거스 미리오
　　　　금사철

■ Materials : Gladiolus
　　　　Rosa: 'Jack Frost'
　　　　Gypsophila
　　　　Asparagus umbelllatus
　　　　Euonymus 'Marieke'

능력의 말씀 (히브리서 4장 12절)
The Word of power (Hebrews 4 : 12)

■ 소재 : 금어초
      십자가
      성서

■ Materials : Antirrhinum majus 'Rainier'
                Cross

하나님의 말씀은 살았고 운동력이 있어 좌우에 날선 어떤 검보다도
예리하여 혼과 영과 및 관절과 골수를 찔러 쪼개기까지 하며 또 마음의
생각과 뜻을 감찰하나니.

For the word of God is living and active. Sharper than any
double-edged sword, it penetrates even to dividing soul and
spirit, joints and marrow ; it judges the thoughts and
attitudes of the heart.

추수감사절
Thankgiving day

하나님께 감사하라 (시편 136장 1~6절)

여호와께 감사하라 그는 선하시며 그 인자하심이 영원함이로다 모든 신에
뛰어나신 하나님께 감사하라 그 인자하심이 영원함이로다 모든 주에
뛰어나신 주께 감사하라 그 인자하심이 영원함이로다 홀로 큰 기사를
행하시는 이에게 감사하라 그 인자하심이 영원함이로다 지혜로 하늘을
지으신 이에게 감사하라 그 인자하심이 영원함이로다 땅을 물 위에
펴신이에게 감사하라 그 인자하심이 영원함이로다.

Thanks to God (Psalms 136 : 1~6)

GIVE THANKS to the Lord, for he is good. His love
endures forever Give thanks to the God of gods.
His love endures foreves.
Give thanks to the Lord oflords : His love endures forever.
to him who alone does great wonders, His love endures
forever, who by his understanding made the heavens,
His love endures forever.
who spread out the earth upon the waters, His love
endures forever.

■ 소재 : 피라칸사스
　　　　소나무
　　　　치자나무
　　　　국화 (소국)
　　　　호박
　　　　과일
　　　　진달래
　　　　감나무
　　　　찔래

■ Materials : Narrowleaf Firethorn
　　　　　　　Pine tree
　　　　　　　Cape jasmine 'Funshine'
　　　　　　　Chrysanthemum
　　　　　　　Pumpkin, squash
　　　　　　　Fruit
　　　　　　　Korean rhododendron
　　　　　　　Persimmon
　　　　　　　Korean wild rose

117

풍성한 은혜 (고린도후서 9장 8~10절)

하나님이 능히 모든 은혜를 너희에게 넘치게 하시나니 이는 너희로 모든
일에 항상 모든 것이 넉넉하여 모든 착한 일을 넘치게 하게 하려
하심이라 기록한 바
저가 흩어 가난한 자들에게 주었으니 그의 의가 영원토록 있느니라
함과 같으니라 심는 자에게 씨와 먹을 양식을 주시는 이가 너희 심을
것을 주사 풍성하게 하시고 너희 의의 열매를 더하게 하시리니.

Abundent grace (2 Corinthians 9 : 8~10)

And God is able to make all grace abound to you, so that in
all things at all times. having all that you need, you will abound
in every good work. As it is written.
He has scattered abroad his gifts to the poor ;his
righteousness endures forever."Now he who supplies seed to
the sower and bread for food will also supply and increase
your store of seed and will enlarge the harvest of your
righteousness.

■ 소재 : 감나무
　　　　국화
　　　　소나무
　　　　떡갈나무
　　　　진달래
　　　　호박
　　　　고목

■ Materials : Persimmon
　　　　　　　Chyrsanthemum
　　　　　　　Pine tree
　　　　　　　Daimvooak
　　　　　　　Korean wild rose
　　　　　　　Fruit
　　　　　　　A dead tree

119

추수 (신명기 16장 9~11절)

칠주를 계수할지니 곡식에 낫을 대는 첫날부터 칠주를 계수하여
네 하나님 여호와 앞에 칠칠절을 지키되 네 하나님 여호와께서 네게 복을
주신대로 네 힘을 헤아려 자원하는 예물을 드리고 너와 네 자녀와 노비와
네 성중에 거하는 레위인과 및 너희 중에 있는 객과 고아와 과부가 함께
네 하나님 여호와께서 그 이름을 두시려고 택하신 곳에서 네 하나님
여호와 앞에서 즐거워할지니라.

Harvest (Deuteronomy 16:9~11)

Count off seven weeks from the time you begin to put the
sickle to the standing grain. Then celebrate the Feast of
Weeks to the Lord your God by giving a freewill offering
in proportion to the blessings the Lord your God has given
you. And rejoice before the Lord your God at the place he
will choose as a dwelling for his Name—you, your sons and
daughters, your menservants and maidservants, the Levites
in your towns, and the aliens, the fatherless and the widows
living among you.

■소재 : 수수   ■Materials : Indian, millet
      조   Millet
     치자나무   Cape jasmine
     엽란   Cast-iron plant
     탑사철   Tower spindle tree
     양마 (오크라)   Okra

드리는 자의 축복 (고린도후서 9장 6~8절)

이것이 곧 적게 심는 자는 적게 거두고 많이 심는 자는 많이 거둔다 하는 말이로다 각각 그 마음에 정한대로 할 것이요 인색함으로나 억지로 하지 말지니 하나님은 즐겨 내는 자를 사랑하시느니라 하나님이 능히 모든 은혜를 너희에게 넘치게 하시나니 이는 너희로 모든 일에 항상 모든 것이 넉넉하여 모든 착한 일을 넘치게 하게 하려 하심이라.

Blessing for the giver (2 Corinthians 9:6~8)

Remember this:Whoever sows sparingly will also reap sparingly, and whoever sows generously will also reap generously. Each man should give what he has decided in his heart to give, not reluctantly or under compulsion, for God loves a cheerful giver. And God is able to make all grace abound to you, so that in all things at all times, havings all that you need, you will abound in every good work.

■ 소재 : 진달래
　　　수수
　　　거베라
　　　국화 (소국)
　　　호박
　　　과일
　　　청미레덩굴 (망게)
　　　색양배추

■ Materials : Korean rhododendron
　　　　　　 Indian millet
　　　　　　 Gerbera
　　　　　　 Chrysanthemum 'Toon Hermans'
　　　　　　 Pumpkin, squash
　　　　　　 Fruit
　　　　　　 Green brier
　　　　　　 Flowring cabbage
　　　　　　 Flowring Kale

인내 (야고보서 5장 7~8절, 11절)

그러므로 형제들아 주의 강림하시기까지 길이 참으라 보라 농부가 땅에서
나는 귀한 열매를 바라고 길이 참아 이른 비와 늦은 비를 기다리나니
너희도 길이 참고 마음을 굳게 하라 주의 강림이 가까우니라.
보라 인내하는 자를 우리가 복되다 하나니 너희가 욥의 인내를 들었고
주께서 주신 결말을 보았거니와 주는 가장 자비하시고 긍휼히 여기는
자시니라.

Patience (James 5 : 7~8, 11)

Be patient, then, brothers, until the Lord's coming. See how
the farmer waits for the land to yield its valuable crops and
how patient he is for the autumn and spring rains. You too,
be patient and stand firm, because the Lord's coming is near.
As you know, we consider blessed those who have
persevered. You have heard of Job's perseverance and have
seen what the Lord finally brought about. The Lord is full
of compassion and mercy.

■ 소재 : 까치밥
　　　　금사철
　　　　섬회양목
　　　　국화
　　　　바구니

■ Materials : Oriental bittersweet
　　　　　　　Euonymus 'Marieke'
　　　　　　　Common Box Tree
　　　　　　　Chrysanthemum
　　　　　　　Baskit

주일꽃꽂이
Flower arrangement for Sunday.

시온의 아침 (이사야 35장 1~2절, 10절)

광야와 메마른 땅이 기뻐하며 사막이 백합화같이 피어 즐거워하며
무성하게 피어 기쁜 노래로 즐거워하며 레바논의 영광과 갈멜과 사론의
아름다움을 얻을 것이라 그것들이 여호와의 영광 곧 우리 하나님의
아름다움을 보리로다. 여호와의 속량함을 얻은 자들이 돌아오되 노래하며
시온에 이르러 그 머리 위에 영영한 희락을 띠고 기쁨과 즐거움을
얻으리니 슬픔과 탄식이 달아나리로다.

The Morning of Zion (Isaiah 35 : 1~2, 10)

THE DESERT and the parched land will be glad; the
wilderness will rejoice and blossom. Like the crocus, it will
burst into bloom; it will rejoice greatly and shout for joy.
The glory of Lebanon will be given to it, the splendor of
Carmel and Sharon; they will see the glory of the Lord, the
splendor of our God.
And the ransomed of the Lord will return. They will enter
Zion with singing; everlasting joy will crown their heads.
Gladness and joy will overtake them, and sorrow and
sighing will flee away.

126

■ 소재 : 소나무
국화
카네이션
극락조화
버드나무

■ Materials : Pine tree
Chrysanthemum
Dianthus nora
Bird of paradise flower
Weeping willow

에덴동산 (창세기 2장 7∼9절)
Eden's Garden (Genesis 2 : 7∼9)

■ 소재 : 백합
　　　알리움
　　　거베라
　　　캄파눌라
　　　쥐똥나무
　　　스킨다비스
　　　스모크

■ Materials : Lilium longiflorum
　　　　　　Allium
　　　　　　Gerbera
　　　　　　Campanula punctata
　　　　　　Border privet
　　　　　　Scindapsus
　　　　　　Smoke

주님이 오시는 소리 (요한1서 4장 8~10절)
The Sound of Jesus' Coming (1 John 4:8~10)

■ 소재 : 버드나무
　　　　거베라

■ Materials : Weeping willow
　　　　　　　Gerbera

나는 참 포도나무라 (요한복음 15장 5~6절)

나는 포도나무요 너희는 가지니 저가 내 안에, 내가 저 안에 있으면 이 사람은 과실을 많이 맺나니 나를 떠나서는 너희가 아무것도 할 수 없음이라 사람이 내 안에 거하지 아니하면 가지처럼 밖에 버리워 말라지나니 사람들이 이것을 모아다가 불에 던져 사르느니라.

"I am the vine" (John 15:5~6)

"I am the vine; you are the branches. If a man remains in me and I in him, he will bear much fruit; apart from me you can do nothing. If anyone does not remain in me, he is like a branch that is thrown away and withers; such branches are picked up, thrown into the fire and burned.

■ 소재 : 국화
　　　 청미레덩굴(망게)
　　　 카스피아
　　　 뉴스카스

■ Materials : Chrysanthemum
　　　　　　 Green brier
　　　　　　 Statice caspia
　　　　　　 Ruscus hypophyllum

사랑의 기도 (요한복음 17장 1~5절)
The Prayer of Love (John 17:1~5)

■소재 : 글라디올러스
　　　　점쉬땅나무
　　　　고목
　　　　나리

■Materials : Gladiolus
　　　　　　False spirea
　　　　　　Dead tree
　　　　　　Lilium 'Eurovision'

사랑의 아픔 (이사야 53장 5~6절)
The Pain of Love (Isaiah 53:5~6)

■소재 : 공작깃
　　　　장미 (조화)
　　　　몬스테라
　　　　탱자나무

■Materials : Para muticus
　　　　　　Rose Joy(Immitation)
　　　　　　Monstera
　　　　　　Trifoliate orange

사랑의 진실 (요한복음 5장 24절)
The Truth of Love (John 5:24)

■소재 : 아가판더스
　　　　델피늄
　　　　리시안서스
　　　　엽란

■Materials : Agapanthus 'Donau'
　　　　　　Delphinium
　　　　　　Eustoma
　　　　　　Cast-iron plant

사랑의 빛 (에베소서 5장 13~14절)
The Light of Love (Ephesians 5:13~14)

■소재 : 부들
　　　　홍싸리
　　　　장미

■Materials : Great cat's tail
　　　　　　Bush-clover
　　　　　　Rosa Dilpomat

슬픔은 기쁨이 되어 (시편 30장 10~11절)
Wailing Turned into joy (Psalms 30:10~11)

■소재 : 유리 오브제   ■ Materials : Glass flower Wase obiet
     안개 (착색)   Gypsophila
     망사   Gauze
     조화   An imitation flower

의의 열매 (빌립보서 1장 9∼11절)
The Fruit of Righteousness (Philippians 1:9∼11)

■소재: 도꼬마리　　　■Materials : Cocklebur
　　　다알리아　　　　　　　　　Dahlia
　　　소철　　　　　　　　　　　Sago palm, cycad
　　　몬스테라　　　　　　　　　Monstera

갈릴리 호숫가 (마태복음 14장 13~21절)
The Lake Galilee (Matthew 14:13~21)

■소재 : 조릿대   ■Materials : Bamboo grass
　　　알리움　　　　　　　　　　Allium
　　　장미　　　　　　　　　　　Rose Golden Times
　　　국화　　　　　　　　　　　Chrysanthemum
　　　쥐똥나무　　　　　　　　　Border privet
　　　나무껍질　　　　　　　　　The bark of a tree

사랑의 속삭임 (마가4장 1~7절)
The Whisper of Love (Song of Songs 4:1~7)

■소재 : 당아욱   ■Materials : Tree Mallow
　　　리시안서스　　　　　　　　Eustoma
　　　셀로움　　　　　　　　　　Selloum philodendron
　　　장미　　　　　　　　　　　Rosa 'Sotaros'

룻의 사랑 (마가 5장 9~14절)
Love of Ruth (Song of Songs 5:9~14)

■ 소재 : 알리움
　　　거베라
　　　국화 (귀부인)
　　　안개
　　　셀로움

■ Materials : Allium
　　　　　　 Gerbera
　　　　　　 Chrysanthemum
　　　　　　 Gypsophila
　　　　　　 Selloum philodendron

현숙한 여인 (잠언 31장 29~31절)
Wise and Virtuous Woman (Proverbs 31:29~31)

■소재 : 리시안서스　　■Materials : Eustoma
　　　　밤안개　　　　　　　　　　Baby's breath
　　　　아스파라거스 미리오　　　Asparagus umbelllatus
　　　　카스피아　　　　　　　　　Statice caspia

쉼터 (마태복음 11장 28~30절)
A Resting Place (Matthew 11:28~30)

■ 소재 : 좀쉬땅나무   ■ Materials : False spirea
　　　　글라디올러스　　　　　　　　　　Gladiolus
　　　　국화　　　　　　　　　　　　　　Chrysanthemum

안식 (요한복음 14장 27절)
A Rest (Sabbatical) (John 14:27)

■소재 : 리시안서스
　　　　셀로움
　　　　부채

■Materials : Eustoma
　　　　　　Selloum philodendron
　　　　　　A fan

유혹 (야고보서 1장 14~15절)
Temptation （James 1：14～15）

■소재 : 금어초　　■Materials : Antirrhinum
　　　거베라　　　　　　　 Gerbera
　　　공작, 야자　　　　　 A palm

오직 한마음 (시편 39장 7절)
Only One Heart (Psalms 39:7)

■소재 : 카스피아
　　　　안개
　　　　스타티스
　　　　몬스테라
　　　　산호
　　　　부채
　　　　소라

■Materials : Statice caspi
　　　　　　Gypsophila
　　　　　　Sinuatum
　　　　　　Monstera
　　　　　　Coral
　　　　　　A fan
　　　　　　A conch

저높은 곳을 향하여 (시편 63장)
Towards a Higher Place (Psalms 63)

■ 소재 : 아가판더스
　　　　글라디올러스
　　　　장미
　　　　카스피아
　　　　셀로움

■ Materials : Agapanthus 'Donau'
　　　　　　Gladiolus
　　　　　　Rosa 'Golden Times'
　　　　　　Statice caspia
　　　　　　Selloum philodendron

희망의 종소리 (시편 67장)
The Sound of the Bell of Hope (Psalms 67)

■ 소재 : 알리움
　　　　칸파늘라
　　　　안개
　　　　스킨답서스
　　　　스모크

■ Materials : Allium giganteum
　　　　　　　Campanula punctata
　　　　　　　Gypsophila
　　　　　　　Scindapsus aureus
　　　　　　　Smoke

147

요단강의 축복 (이사야 35장)
The Blessing on Jordan River (Isaiah 35)

■소재 : 부들
　　　　카스피아
　　　　과꽃
　　　　종려

■Materials : Great cat's tail
　　　　　　Statice caspia
　　　　　　China aster
　　　　　　Windmill palm

새날 (이사야 43장 18~21절)
A New Day (Isaiah 43:18~21)

■ 소재 : 산당화 ■ Materials : Chaenomeles speciosa
　　　칼라 　　　　　　　　Calla
　　　소나무 　　　　　　　Pine tree
　　　멕시코 소철 　　　　　Zamia

말씀은 빛이 되어 (스바냐 3장 14~17절)
The Word Became Light (Zephaniah 3:14~17)

■ 소재 : 거베라
　　　　스킨답서스
　　　　아스파라거스 스프링게리
　　　　망사

■ Materials : Gebera
　　　　Scindapsus aureus
　　　　Asparagus 'Sprengeri'
　　　　Gauze

영원한 결실 (시편 23장)
Everlasting Fruition (Psalms 23)

■ 소재 : 조
　　고추
　　옥잠화
　　국화(소국)

■ Materials : Millet
　　Red pepper
　　Plantain lily
　　Chrysanthemum

신년주일
New Year Sunday

새 하늘과 새 땅 (요한계시록 21장 1,2,5절)

또 내가 새 하늘과 새 땅을 보니 처음 하늘과 땅이 없어졌고 바다도 다시
있지 않더라.
또 내가 보매 거룩한 성 새 예루살렘이 하나님께로부터 하늘에서
내려오니 그 예비한 것이 신부가 남편을 위하여 단장한 것 같더라.
보좌에 앉으신 이가 가라사대 보라 내가 만물을 새롭게 하노라 하시고
또 가라사대 이 말은 신실하고 참되니 기록하라 하시고

New earth and new heaven (Revelation 21 : 1, 2, 5)

Then I saw a new heaven and a new earth, for the first
heaven and the first earth had passed away, and there was
no longer any sea. I saw the Holy City, the new Jerusalem,
coming down out of heaven from God, prepared as a bride
beautifully dressed for her husband.
He who was seated on the throne said, "I am making
everything new !" Then he said, "Write this down, for these
words are trustworthy and true."

■소재 : 극락조화
　　　　국화
　　　　카네이션
　　　　소나무
　　　　버드나무
　　　　금사철

■Materials : Bird of paradise flower
　　　　　　　Chrysanthemum
　　　　　　　Dianthus Nora
　　　　　　　Pine tree
　　　　　　　Weeping willow
　　　　　　　Euonymus 'Marieke'

새소망 (고린도후서 5장 17~19절)
A New Hope (2 Corinthians 5:17~19)

■소재 : 글라디올러스　　■ Materials : Gladiolus
　　　백합　　　　　　　　　　　　Lililum longiforum
　　　카네이션　　　　　　　　　Dianthus Nora
　　　느티나무　　　　　　　　　Zelkova tree
　　　편백　　　　　　　　　　　　Green Japanese cypress

그리스도 안에서의 새생활 (에베소서 4장 22~24절)
A New Life in Christ （Ephesians 4：22～24）

■ 소재 : 마리안느
　　　　 느티나무
　　　　 튜울립
　　　　 덴드로비움
　　　　 아스파라거스 미리오

■ Materials : Dieffenbachia 'Camilla'
　　　　　　 Zelkova tree
　　　　　　 Tulipa 'Upstar'
　　　　　　 Dendrobium 'Ceasar'
　　　　　　 Asparagus umbellatus

시온의 영광스런 새날 (이사야 60장 1~3절)
A Glorious New Day of Zion (Isaiah 60 : 1~3)

■소재 : 느티나무
  소나무
  백합
  동백

■Materials : Zelkova tree
  Pine tree
  Lilium longiflorum
  Camellia

새 이름으로 축복하다 (이사야 62장 2~3절)
Blessed with a New Name (Isaiah 62:2~3)

■소재 : 소나무　　■ Materials : Pine tree
　　　　동백　　　　　　　　　Camellia
　　　　거베라　　　　　　　　Gerbera

생명의 기지개 (로마서 13장 12절)
Life's Outreach (Romans 13 : 12)

■소재 : 버드나무
　　　튜울립
　　　소철

■Materials : Weeping willow
　　　　　Tulip 'Lucky Strike'
　　　　　Sago palm,cycad

희망의 속삭임 (로마서 15장 13절)
The Whisper of Hope (Romans 15:13)

■소재 : 극락조화
　　　 거베라
　　　 카네이션
　　　 소나무

■Materials : Bird of paradise flower
　　　　　　 Gerbera
　　　　　　 Dianthus 'Adelfie'
　　　　　　 Pine tree

3·1절 및 광복절
Korean Independence Day and National Liberation Day.

거룩한 백성 (시편 146장 6~8절)

여호와는 천지와 바다와 그 중의 만물을 지으시며 영원히 진실함을
지키시며 압박 당하는 자를 위하여 공의로 판단하시며 주린 자에게
식물을 주시는 자시로다 여호와께서 간힌 자를 해방하시며 여호와께서
소경의 눈을 여시며 여호와께서 비굴한 자를 일으키시며 여호와께서
의인을 사랑하시며.

The Holy People (Psalms 146:6~8)

The Maker of heaven and earth, the sea, and everthing in
them—the Lord, who remains faithful forever.
He upholds the cause of the oppressed and gives food to the
hungry. The Lord sets prisoners free, the Lord gives sight
to the blind, the Lord lifts up those who are bowed down,
the Lord loves the righteous.

■소재 : 소나무
　　　무궁화
　　　고목

■Materials : Pine tree
　　　　　Rose of Sharon
　　　　　A dead tree

자유를 선포하러 오신 그리스도 (이사야 61장 1~3절)
Jesus Christ Came to Announce Freedom (Isaiah 61 : 1~3)

■ 소재 : 글라디올러스
　　　　안개
　　　　스타티스

■ Materials : Gladiolus
　　　　　　Gypsophila
　　　　　　Limonium sinuatum

진리가 자유롭게 하리라 (요한복음 8장 31~32절)
Truth will set You Free (John 8:31~32)

■소재 : 안스리움
　　　　칼라
　　　　화살나무
　　　　소나무

■Materials : Flamingo flower
　　　　　　 Calla
　　　　　　 Winged spindle tree
　　　　　　 Pine tree

자유의 기쁨 (갈라디아서 5장 1,13,14절)

그리스도께서 우리로 자유케 하려고 자유를 주셨으니 그러므로 굳세게
서서 다시는 종의 멍에를 메지 말라.
형제들아 너희가 자유를 위하여 부르심을 입었으나 그러나 그 자유로
육체의 기회를 삼지 말고 오직 사랑으로 서로 종노릇하라. 온 율법은 네
이웃 사랑하기를 네 몸같이 하라 하신 한 말씀에 이루었나니.

The joy of being free (Galations 5:1, 13, 14)

It is for freedom that Christ has set us free. Stand firm,
then, and do not let yourselfves be burdened again by a
yoke of slavery.
You my brothers, were called to be free. But do not use your
freedom to indulge the sinful nature; rather, serve one
another in love. The entire law is summed up in a single
command: "Love your neighbor as yourself."

■소재 : 무궁화
　　　　백합
　　　　화살나무
　　　　편백
　　　　태극기
　　　　고목
　　　　말채

■Materials：Rose of Sharon
　　　　　　Lilium longiflorum
　　　　　　Wingedspindle tree
　　　　　　Green Japanese cypress
　　　　　　The national flag of Korea
　　　　　　A died tree

어린이 어버이 주일
Children and Parents' Sunday

어린이를 축복하시다 (마가복음 10장 14~16절)

예수께서 보시고 분히 여겨 이르시되
어린 아이들의 내게 오는 것을 용납하고 금하지 말라 하나님의 나라가
이런 자의 것이니라. 내가 진실로 너희에게 이르노니 누구든지 하나님의
나라를 어린 아이와 같이 받들지 않는 자는 결단코 들어가지 못하리라
하시고 그 어린 아이들을 안고 저희 위에 안수하시고 축복하시니라.

Blessed Children (Mark 10:14~16)

When Jesus saw this, he was indignant. He said to them,
"Let the little children come to me, and do not hinder them,
for the kingdom of God belongs to such as these. I tell you
the truth, anyone who will not receive the kingdom of God
like a little child will never enter it." And he took the
children in his arms, put his hands on them and blessed them.

■소재 : 엔젤카네이션　　　■Materials : Dianthus Starlight
　　　조팝나무　　　　　　　　　　　　Bridal wreath
　　　몬스테라　　　　　　　　　　　　Monsteral
　　　풍선　　　　　　　　　　　　　　Balloon

어린이들을 사랑하심 (누가복음 18장 16~17절)
Jesus Loves Children (Luke 18:16~17)

■ 소재 : 엔젤카네이션   ■ Materials : Dianthus Starlight
　　　스치로폴 볼　　　　　　　　　　Foaming Ball

예수의 이름으로 어린이를 영접하시다 (마가복음 9장 36~37절)
Welcome Children in the Name of Jesus (Mark 9:36~37)

■소재 : 점쉬땅나무　　　　■Materials : False spirea
　　　장미　　　　　　　　　　　　　　Rosa 'Sotaros'
　　　거베라　　　　　　　　　　　　Gerbera
　　　리본　　　　　　　　　　　　　Ribbon

어린아이 입으로 권능을 세우시다 (시편 8장 1~2절)
Your Majesty is Praised Through the Lips of Children (Psalms 8:1~2)

■소재 : 스치로폴 볼　　　　■Materials : Foaming ball
　　　글라디올러스　　　　　　　　　　　Gladiolus
　　　카네이션　　　　　　　　　　　　　Dianthus 'Figaro'
　　　조팝나무　　　　　　　　　　　　　Bridal wreath
　　　쥐똥나무　　　　　　　　　　　　　Border priver

자녀와 부모 (에베소서 6장 1~4절)
Children and Parents (Ephesians 6:1~4)

■소재 : 카네이션
　　　점쉬땅나무
　　　엽란
　　　스치로폴 볼
　　　편백

■Materials : Dianthus 'Scania'
　　　　　False spirea
　　　　　Cast-iron plant
　　　　　Foaming Ball
　　　　　Green Japanese cypress

하나님의 명령 (신명기 5장 16절)
The Commands of God (Deuteronomy 5:16)

■소재 : 장미
　　　안개
　　　아스파라거스 스타거스
　　　금사철
　　　아스파라거스 미리오

■Materials : Rosa
　　　　　　Gypsophila
　　　　　　Asparagus Setaceus
　　　　　　Euonymus 'Marieke'
　　　　　　Asparagus umbellliatus

하나님의 질서 (골로새서 3장 20~21절)
God's Order (Colossians 3:20~21)

■ 소재 : 엔젤카네이션
　　　　 스치로폴 볼
　　　　 아스파라거스 미리오
　　　　 드라세나

■ Materials : Dianthus 'Red Debby'
　　　　　　 Foaming ball
　　　　　　 Asparagus umbelllatus
　　　　　　 Cordyline

그리스도인의 가정 (시편 128장 1~4절)
The Christian Family (Psalms 128:1~4)

■ 소재 : 안개
　　　　장미
　　　　엽란
　　　　아스파라거스 스프링게리

■ Materials : Gypsophila
　　　　　　Rosa 'Only Love'
　　　　　　Cost·iron plant
　　　　　　Asparagus 'Sprengeri'

하나님의 약속 (출애굽기 20장 12절)
God's Promise (Exodus 20:12)

■ 소재 : 향나무 (가이쓰카)　　■ Materials : Kaizuka juniper
　　　　카네이션　　　　　　　　　　　Dianthus Cristobal
　　　　금사철　　　　　　　　　　　　Euonymus 'Marieke'

교회창립 및 장로 권사 취임식
The cerememonis for installation of elders and kwonsa, and for celebrating the organizing of the church.

반석위에 세운 집 (마태복음 6장 16~18절)

금식할 때에 너희는 외식하는 자들과 같이 슬픈 기색을 내지 말라 저희는
금식하는 것을 사람에게 보이려고 얼굴을 흉하게 하느니라 내가 진실로
너희에게 이르노니 저희는 자기 상을 이미 받았느니라 너는 금식할 때에
머리에 기름을 바르고 얼굴을 씻으라 이는 금식하는 자로 사람에게 보이지
않고 오직 은밀한 중에 계신 네 아버지께 보이게 하려 함이라 은밀한
중에 보시는 네 아버지께서 갚으시리라.

Built on a rock (Matthew 6 : 16~18)

"When you fast, do not look somber as the hypocrites do,
for they disfigure their faces to show men they are fasting.
I tell you the truth, they have received their reward in full.
But when you fast put oil on your head and wash your face
but only to your Father, who is unseen ; and your Father,
who sees what is done in secret, will reward you.

■소재 : 글라디올러스　　■Materials : Gladiolus
　　거베라　　　　　　　　　　　Gerbera
　　소철　　　　　　　　　　　　Sago palm, cycad
　　몬스테라　　　　　　　　　　Monstera
　　드라세나　　　　　　　　　　Cordyline

말씀을 듣고 행하라 (마태복음 7장 24~27절)

그러므로 누구든지 나의 이 말을 듣고 행하는 자는 그 집을 반석 위에
지은 지혜로운 사람 같으리니 비가 내리고 창수가 나고 바람이 불어 그
집에 부딪히되 무너지지 아니하나니 이는 주초를 반석 위에 놓은 연고요
나의 이 말을 듣고 행치 아니하는 자는 그 집을 모래 위에 지은 어리석은
사람 같으리니 비가 내리고 창수가 나고 바람이 불어 그 집에 부딪히매
무너져 그 무너짐이 심하니라.

Listen to the Words and act accordingly (Matthew 7:24~27)

"Therefore everyone who hears these words of mine and
puts them into practice is like a wise man who built his
house on the rock. The rain came down, the streams rose,
and the winds blew and beat against that house;yet it did not
fall, because it had its foundation on the rock. But everyone
who hears these words of mine and does not put them into
practice is like a foolish man who built his house on sand.
The rain came down, the streams rose, and the winds blew
and beat against that house, and it fell with a great crash."

■소재 : 글라디올러스　　■Materials : Gladiolus
　　　백합　　　　　　　　　　　Lililum longiforum
　　　플록스　　　　　　　　　　Phlox 'Rembrandt'
　　　종려　　　　　　　　　　　Windmill palm

임직 1 (로마서 12장 1~5절)
Commissioning 1 （Romans 12：1～5）

■소재 : 홍싸리 ■Materials : Bush-clover
　　　　장미 　　　　　　　Rosa Diplomat

임직 2 (로마서 12장 6~12절)
Commissioning 2 (Romans 12:6~12)

■소재 : 작약
　　　고데티아
　　　백합
　　　쥐똥나무
　　　조팝나무

■Materials : Paeonia
　　　　　　Farewell-to-Spring
　　　　　　Lilium longiflorum
　　　　　　Border priver
　　　　　　Bridal wreath

임직 3 (마태복음 25장 23절)
Commissioning 3 (Matthew 25:23)

■소재 : 글라디올러스
　　　　리시안서스
　　　　네프로레피스
　　　　아스파라거스 스프링게리
　　　　삼지닥나무
　　　　리본

■Materials : Gladiolus
　　　　　　Eustoma
　　　　　　Nephrolepis spp
　　　　　　Asparagus Springeri
　　　　　　paper bush
　　　　　　ribbon

임직 4 (디모데전서 1장 12~14절)
Commissioning 4 (1 Timothy 1:12~14)

■ 소재 : 금어초
　　　　 거베라

■ Materials : Antirrhinum
　　　　　　 Gerbera

안수식
Ordination

주의 종 (고린도후서 4장 5~7절)

우리가 우리를 전파하는 것이 아니라 오직 그리스도 예수의 주 되신 것과
또 예수를 위하여 우리가 너희의 종 된 것을 전파함이라 어두운데서 빛이
비취리라 하시던 그 하나님께서 예수 그리스도의 얼굴에 있는 하나님의
영광을 아는 빛을 우리 마음에 비취셨느니라. 우리가 이 보배를 질그릇에
가졌으니 이는 능력의 심히 큰것이 하나님께 있고 우리에게 있지
아니함을 알게 하려 함이라.

The servant of Lord (2 Corinthians 4:5~7)

For we do not preach ourselves, but Jesus Christ as Lord,
and ourselves as your servants for Jesus' sake. For God,
who said, "Let light shine out of darkness,"made his light
shine in our hears to give us the light of the knowledge of
the glory of God in the face of Christ.
But we have this treasure in jars of clay to show that this
all-surpassing power is from God and not from us.

■소재 : 작약　　　　■Materials : Paeonia
　　　　스타티스　　　　　　　　　　　Limonium sinuatum

안수식 1 (에베소서 4장 11~13절)
Ordination 1 （Ephesians 4：11~13）

■ 소재 : 백합
　　　　 아스파라거스 미리오
　　　　 아스파라거스
　　　　 안개
　　　　 프리지어

■ Materials : Lilium longiflorum
　　　　　　　Asparagus umbelllatus
　　　　　　　Asparagus
　　　　　　　Gypsophila
　　　　　　　Freesia

안수식 **2** (요한복음 21장 15~17절)
Ordination 2 （John 21：15~17）

■ 소재 : 스치로폴 볼
　　유도화
　　조화
　　아스파라거스 미리오

■ Materials : Foaming ball
　　　　　　 Swest Scented Oleander
　　　　　　 Imitation flower
　　　　　　 Asparagus umbelllatus

졸업
Graduation

하나님의 명령을 지키라 (잠언 3장 3절~7절)

인자와 진리로 네게서 떠나지 않게 하고 그것을 네 목에 매며 네
마음판에 새기라 그리하면 네가 하나님과 사람 앞에서 은총과 귀중히
여김을 받으리라 너는 마음을 다하여 여호와를 의뢰하고
네 명철을 의지하지 말라 너는 범사에 그를 인정하라 그리하면
네 길을 지도하시리라 스스로 지혜롭게 여기지 말찌어다 여호와를
경외하며 악을 떠날찌어다.

Obey God's Commands (Proverbs 3:3~7)

Let love and faithfulness never leave you, bind them around
your neck, write them on the tablet of your heart. Then you
will win favor and a good name in the sight of God and man.
Trust in the Lord with all your heart and lean not on your
own understanding; in all your ways acknowledge him, and he
will make your paths straight. Do not be wise in your own
eyes; fear the Lord and shun evil.

■ 소재 : 점쉬땅나무　　　■ Materials : False spirea
　　　　장미(조화)　　　　　　　　　　Rosa (Imitation)
　　　　아스파라거스 마리오　　　　　　Asparagus umbelllatus
　　　　스타티스　　　　　　　　　　　Limonium sinuatum

졸업 1 (잠언 1장 1~6절)
Graduation 1 （Proverbs 1 : 1~6）

■ 소재 : 스치로폴 볼　　　■Materials : Foaming ball
　　　장미　　　　　　　　　　　　Rosa
　　　몬스테라　　　　　　　　　Monstera
　　　조화　　　　　　　　　　　Imitation flower

졸업 2 (잠언 5장 1절)
Graduation 2 (Proverbs 5:1)

■ 소재 : 매화   ■ Materials : Plum blossoms
　　　　칼라   Calla
　　　　장미   Rosa 'Jaguar'
　　　　몬스테라   Monstera

졸업 3 (잠언 8장 10~11절)
Graduation 3 (Proversb 8 : 10~11)

■ 소재 : 장미
　　　　안개
　　　　스타티스
　　　　아스파라거스 미리오

■ Materials : Rose
　　　　　　　Gypsophila
　　　　　　　Limonium sinuatum
　　　　　　　Asparagus umbellla tus

졸업 4 (잠언 19장 20~21절)
Graduation 4 (Proverbs 19 : 20~21)

■ 소재 : 스타케이지
　　　　프리지어
　　　　장미
　　　　안개

■ Materials : Lilium 'Star Gazer'
　　　　　　　Freesia
　　　　　　　Rosa
　　　　　　　Gypsophila

졸업 5 (잠언 16장 1~3절)
Graduation 5 (Proverbs 16:1~3)

■ 소재 : 거베라
　　　 아네모네
　　　 안개
　　　 마리안느

■ Materials : Gerbera
　　　　　　 Anemone
　　　　　　 Gypsophila
　　　　　　 Dieffenbachia 'Camilla'

결혼꽃꽂이
Flower arrangement for weddings.

하나님의 축복 (마가복음 10장 6~9절)

창조시부터 저희를 남자와 여자로 만드셨으니 이러므로 사람이 그
부모를 떠나서 그 둘이 한몸이 될지니라 이러한즉 이제 둘이 아니요
한몸이니 그러므로 하나님이 짝지어 주신 것을 사람이 나누지 못할지니라
하시더라.

Blessing from God (Mark 10:6~9)

"But at the beginning of creation God 'made them male
and female.' 'For this reason a man will leave his father and
mother and be united to his wife, and the two will become
one flesh.' S they are no longer two, but one. Therefore
what God has joined together, let man not separate."

■ 소재 : 장미
　　　　글라디올러스
　　　　아스파라거스 미리오
　　　　거베라
　　　　안개

■ Materials : Rosa
　　　　Gladiolus
　　　　Asparagus umbelllatus
　　　　Gerbera
　　　　Gypsophila

결혼 1 （고린도전서 13장 4~7절）
Wedding 1 （1 Corinthians 13 : 4~7）

■ 소재 : 장미 (조화)
　　　안개 (조화)
　　　덴트로비움 (조화)
　　　스킨다비스 (조화)
　　　부채
　　　모자
　　　등

■ Materials : Rosa (Imitation)
　　　　　　Gypsophila
　　　　　　Dendrobium
　　　　　　Scindapsus Aureus
　　　　　　A fan
　　　　　　Cap

결혼 2 (창세기 2장 18~25절)
Wedding 2 (Genesis 2:18~25)

■ 소재 : 라일락
　　　　 거베라
　　　　 칼라
　　　　 안개
　　　　 몬스테라

■ Materials : Lilac
　　　　　　 Gerbera
　　　　　　 Calla
　　　　　　 Gypsophila
　　　　　　 Monstera

결혼 3
(에베소서 5장 22~25절)
Wedding 3
(Ephesians 5 : 22~25)

■ 소재 : 점쉬땅나무
　　　　백합 (스타게이지)

■ Materials : False spirca
　　　　　　Lilium - Star Gazer

결혼 4
(아가서 2장 10~14절)
Wedding 4
(Song of Songs 2 : 10~14)

■ 소재 : 작약
　　　　떡갈나무
　　　　스타티스

■ Materials : Paeony
　　　　　　Overcup oak
　　　　　　Limonium-Sinuatum

결혼5
(베드로전서 3장 1~7절)
Wedding 5
(1 Peter 3:1~7)

■소재 : 글라디올러스
　　　　장미
　　　　안개
　　　　편백
　　　　엽란
■Materials : Gladiolus
　　　　　　Rosa
　　　　　　Gypsophila
　　　　　　Green Japanese cypress
　　　　　　Cast-iron plant

결혼6
(전도서 4장 9~12절)
Wedding 6
(Ecclesiates 4:9~12)

■소재 : 안개
　　　　장미
　　　　난잎
■Materials : Gypsophila
　　　　　　Rosa

장례 및 추도꽃꽂이
Flower arrangement for funerals and memorial services

다시 살리라 (데살로니가전서 4장 14~17절)

우리가 예수의 죽었다가 다시 사심을 믿을진대 이와 같이 예수 안에서
자는 자들도 하나님이 저와 함께 데리고 오시리라 우리가 주의 말씀으로
너희에게 이것을 말하노니 주 강림하실 때까지 우리 살아 남아 있는 자도
자는 자보다 결단코 앞서지 못하리라 주께서 호령과 천사장의 소리와
하나님의 나팔로 친히 하늘로 좇아 강림하시리니 그리스도 안에서 죽은
자들이 먼저 일어나고 그 후에 우리 살아 남은 자도 저희와 함께 구름
속으로 끌어 올려 공중에서 주를 영접하게 하시리니 그리하여 우리가
항상 주와 함께 있으리라.

He Rose Again (1 Thessalonians 4:14~17)

We believe that Jesus died and rose again and so we believe
that God will bring with Jesus those who have fallen asleep
in him. According to the Lord's own word, we tell you that
we who are still alive, who are left till the the coming of the
Lord, will certainly not precede those who have fallen asleep.
For the Lord himself will come down from heaven, with a
loud command, with the voice of the archangel and with the
trumpet call of God, and the dead in Christ will rise first.
After that, we who are still alive and are left will be caught
up together with them in the clouds to meet the Lord in the
air. And so we will be with the Lord forever.

■ 소재 : 글라디올러스   ■ Materials : Gladiolus
　　 리시안서스   Eustoma
　　 점쉬땅나무 (신지매)   False spirea
　　 설유화   Thubersgs spirea
　　 몬스테라   Monstera

201

장례 1 (고린도후서 5장 1～10절)
Funeral 1 (2 Corinthians 5 : 1～10)

■ 소재 : 글라디올러스   ■ Materials : Gladiolus
    백합   Lilium longiflorum
    거베라   Gerbera
    아이리스   Iris
    아스파라거스 스프링게리   Asparagus Springeri
    아네모네   Anemone
    안개   Gypsophila

장례 2 (고린도후서 1장 3~4절)
Funerals 2 (2 Corinthians 1:3~4)

■소재 : 국화　　　　■Materials : Chrysanthemum

추도 1 (요한복음 11장 25절~26절)
Memorial Service 1 (John 11:25~26)

■소재 : 설류화
　　　백합
　　　베킹바킹

■Materials : Thubersgs spirea
　　　　　Lilium longiflorum
　　　　　Dieffenbachia

추도 2 (요한계시록 21장 1~7절)
Memorial Service 2 (Revelation 21:1~7)

■소재 : 글라디올러스　　　■Materials : Gladiolus
　　　　백합　　　　　　　　　　　　 Lilium longiflorum
　　　　떡갈나무　　　　　　　　　　 Overcup Oak
　　　　쥐땅나무　　　　　　　　　　 Border privet

추도 3 (요한복음 5장 24~29절)
Memorial Service 3 (John 5:24~29)

■소재 : 델피 - 뉴　　　　　■Materials : Delphinium
　　　　리시안서스　　　　　　　　　　　　Eustoma

추도 4 (고린도전서 15장 51~58절)
Memorial Service 4 (1 Corinthians 15:51~58)

■ 소재 : 리아트리스　　■ Materials : Liatris 'Callilepis'
　　　　리시안서스　　　　　　　　　Eustoma
　　　　쏠리다스타　　　　　　　　　Solidaster

추도 5 (누가복음 16장 19∼31절)
Memorials service 5 (Luke 16:19∼31)

■ 소개 : 알리움　　　　■ Materials : Allium
　　　리시안서스　　　　　　　　　　Eustoma
　　　플록스　　　　　　　　　　　　Phlox
　　　엽란　　　　　　　　　　　　　Cast-iron plant
　　　카스피아　　　　　　　　　　　Statice caspia
　　　몬스테라　　　　　　　　　　　Monstera

추도 6 (히브리서 11장 1~12절)
Memorial service 6 (Hebrews 11 : 1~12)

■ 소재 : 설유화   ■ Materials : Thubergs spirea
     점쉬땅나무   False spirea
     리시안서스   Eustoma
     엽란   Cast·iron plant

예배와 꽃꽂이

한신대교수·예배전문가 **박 근 원**

허문정 여사의 정성드린 책「교회절기 꽃꽂이」의 출간을 진심으로 축하한다. 하나의 보통 저술이라기보다는 저자의 삶과 예술과 신앙의 결정체이기에 더욱 값진 작품이라고 생각된다. 저자의 부탁이 추천사나 축사가 아니고 "예배와 꽃꽂이"에 관한 신학적인 안내의 글이어서 다소 망서린 바 있다. 최근에 「오늘의 예배론」을 펴내면서 교회의 예배에 있어서 꽃꽂이의 바른 자리 같은 것을 생각해 본 바 있기에 이를 중심으로 몇 가닥의 안내지침을 서술해 볼까 한다. 허문정 여사의 이 책을 백분 활용하는 데 도움이 되었으면 하는 바램에서이다.

그리스도교 예배에서 제단에 꽃을 바친 역사는 꽤 오래된다. 그러나 그것이 분명하게 역사에 남은 것은 16세기의 종교개혁이후부터이다. 아주 단아하게 꽃 한 송이, 아니면 꽃바구니 하나를 제단의 성경 옆에 장식하곤 하였다. 꽃의 신앙적인 상징은 '부활'과 '생명'이었다. 오늘날의 꽃꽂이에서도 이런 상징은 계승되어져야 한다고 본다.

교회 예배에서 꽃을 장식하는 것을 전체 예배 공동체의 예배행위의 일환으로 생각되어야 한다. 이 말은 꽃꽂이의 신학적이고 신앙적인 의미도 이 예배 자체에 있다는 뜻이다. 그리스도교예배에 있어서의 꽃꽂이의 의미를 길고 장황하게 설명할 필요는 없다. 집약해서 표출해보자면 '영광' '신앙' '봉헌' '감사' '기념' 등등의 의미를 부여할 수가 있다. 이 우주공간에 꽃처럼 하나님의 영광을 드러내고 있는 것이 또 어디에 있는가! 비록 우리 인간이 그 영광을 가리워오긴 했지만 그 하나님의 영광을 거두어 다시 제단에 바치는 셈이다. 꽃꽂이에는 예술적 기교를 넘어선 신앙적 표현이 앞서야 한다. 또 우리의 모든 것을 주님의 제단에 드리는 봉헌의 의미가 반드시 곁들여야 한다. 거기에는 감사의 표현이 베어 있을 수도 있고, 어떤 은총이나 사랑을 기념하는 마음이 함께 할 수도 있다. 이 밖에도 꽃꽂이의 신앙적인 의미는 무한대로 확대해서 생각할 수가 있을 것이다.

교회 예배에서 꽃꽂이의 아름다운 전통을 지켜가기 위해서 항상 유념해야 할 사항들이 있다. 맨 먼저 기억해야 될 것은 제단의 꽃꽂이가 전체 예배와 조화를 이뤄야 한다는 것이다. 그 교회전통에서 지켜오고 있는 교회력의 색깔과의 관계에서 그 꽃꽂이의 배경이나 아니면 대표적으로 표출되는 꽃이나 잎의 색깔이 걸맞어야 한다. 혹 그 꽃꽂이 작품의 주제가 표현된다면 교회력의 계절이나 그 특정 주일의 신앙적인 의미와 조화를 이뤄야 한다는 말이다. 그런 의미에서 예배를 위한 꽃꽂이를 책임맡은 사람은 예배인도자요 설교자인 목사와 그 교회의 예배위원회와 대화는 물론 신앙적인 호흡을 같이 할 수 있어야 한다. 그래서 한 해의 절기와 축제, 기념주일 등등을 고려한 장기 계획과 구상을 함께 마련하는 것이 바람직하다.

다음으로 명심해야 할 일은 한 교회의 꽃꽂이 행사가 교회공동체 전체의 정성을 담아내야 한다는 사실이다. 어느 한 개인의 독점행사가 되어서는 안 된다는 말이다. 누군가는 꽃꽂이에 대한 전문가적인 안목이 있어야 한다. 그렇다고 그런 사람에게 모든 것을 떠맡겨버리는 경우가 되어서는 안 된다. 그런 은사받은 이를 중심으로 함께 정성을 묶어갈 수 있는 꽃꽂이 전담반이 요청되고 또 이들의 훈련이 전제되어야 한다. 이들을 중심으로 꽃꽂이의 연차계획을 수립하고 또 일년동안의 꽃꽂이 자료를 수집해서 품평회 같은 것을 갖도록 격려했으면 한다.

꽃꽂이에 필요한 예산문제도 고려해야 할 사항 가운데 하나이다. 특별한 축제행사를 제외하고는 교회예산에서 이를 지출하는 것은 바람직하지 못하다. 교회공동체 전체의 자발적인 봉헌 행사로 맥을 이어가는 것이 가장 바람직하다. 교인 각 가정의 추모일이나 기념일과의 관계에서 주일 예배에 꽃을 드리도록 격려하고 그들의 바친 꽃이나 헌금으로 해마다 제단 꽃꽂이를 계승할 수 있었으면 하는 것이다. 해당되는 주일이 아닌 경우는 그 밖의 자발적인 헌화로써 메꿔갈 수도 있을 것이다. 어느 경우가 되었든 간에 예배의 흐름에 맞는 꽃꽂이를 봉헌하기 위하여서는 이에 안목있는 전문가를 포함한 전담반의 주체적인 관리가 전제되어야 한다.

오늘날 교회의 꽃꽂이에 문제로 드러나고 있는 현상이 또 하나 있다. 그것이 세상의 풍조에 따라 대형화되고 있다는 사실이다. 어떠한 경우에도 이는 바람직하지 못하다. 일반적으로 한 점의 상징적인 꽃꽂이면 족하다. 강단의 균형을 위해서라도 두 점 이상은 불필요한 장식이다. 특별한 축제의 경우에 제단뿐만 아니라 예배당의 다른 곳도 꽃으로 장식은 할 수가 있다. 어느 경우이든 제단을 가리울 만큼 꽃꽂이가 커서도 안 되고 설교자나 예배인도자의 모습을 가리울 정도가 되어서도 안 된다. 꽃꽂이는 양과 크기 보다 질과 상징이 더 중요하다는 사실을 기억해야 한다.

그 밖에도 교회의 꽃꽂이와의 관련에서 최근에 민감하게 반응을 보이고 있는 것은 공해문제와 생태계의 신학적이고 신앙적인 이해에서 모든 반성이다. 결국 예배를 위한 꽃꽂이의 원점으로 소급되어가는 느낌이다. 생명을 존중하는 신앙과 신학으로 모든 꽃꽂이 행사도 다시 재고해 갔으면 하는 경향이다. 교회의 꽃꽂이에서 조화(artificial flowers)나 건화(dried flowers)의 사용도 재고해 보아야 할 일이다. 불가피한 경우가 있기는 하겠으나 사용하지 않는 것이 바람직하다.

이 밖에도 교회의 꽃꽂이와의 관련에서 하고 싶은 이야기는 많이 있다. 이젠 한국교회의 강단에서 '꽃꽂이 신학'을 본격적으로 발전시켜야 할 때가 된 것 같다. 분명코 이 허문정 여사의 저서가 이런 방향으로 크게 기여할 수 있는 새로운 이정표가 될 것을 의심치 않는다.

I. 교회력 개관

1. 교회력과 예전

(1) 교회 유산으로서 교회력

교회의 유산인 교회력은 그리스도인들의 신앙 생활의 훈련을 위해 고안된 것이다. 매년 1년 주기로 상반기 동안은 예수 그리스도의 생애와 죽음 그리고 부활 승천을 되새기며 그 의미를 추구하도록 준비되었다. 후반기에는 예수그리스도의 제자로서 교회의 역할을 확인하여 행동하는 그리스도인으로서 훈련하도록 기회를 제공하고 있다. 그러므로 교회력이란 단순히 종교의 습관을 반복하는 것이 아니라 생활 속에서 그리스도께서 이루어 놓으신 새 계약을 생활화 하도록 인도하는 통로가 된다.

(2) 교회력의 구성

앞에서 언급한 대로 교회력에서는 1년을 둘로 나누어 앞의 반년을 주 예수 그리스도의 생애를 기념하는 것으로 짜여져 있다. 그리고 뒤의 반년은 삼위일체 하나님의 역사(work)와 교회의 관계를 이야기하고 있다. 따라서 성령강림주일 이후에서 교회력이 시작되는 대림절까지는 전부 삼위일체 주일인 것이다.

우선 교회력이 전반부인 그리스도의 생애를 기념하는 날들을 살펴보기로 한다. 12월 25일 크리스마스 이전 네째 주일을 대림절(강림절, 아드벤트) 첫째 주일로 하고, 그 날을 교회의 신년 첫날로 생각한다. 대림절, '아드벤트'는 라틴어로 '온다'고 하는 의미로서, 그리스도의 재림의 날을 기다리며, 아울러 그 해의 크리스마스를 맞이하는데 필요한 마음의 준비를 하는 것을 목적으로 하고 있다. 12월 25일은 크리스마스요, 1월 6일은 주현절(에피파니)이다. 헬라어로 '에피파나이아'는 '보인다'의 의미로서, '구주 그리스도를 이방인인 동방박사에게 보인 일'을 의미한다.

단, 1월 6일은 동방정교회(희랍정교회, 러시아정교회 등)의 크리스마스인 동시에 동방박사들의 그리스도 경배도 기념하고 있다. 익히 아는 바와 같이 12월 25일은 서방교회의 크리스마스로서, 1월 6일을 주현절이라고 하는 것은 서방교회의 해석이다. 주현절후 주일은 2내지 6주일이 된다. 그것은 부활주일이 3월 마지막에 오기도 하고, 때로는 4월 초에 또는 중순에 오기도 하는 차이 때문에 생겼다고 할 수 있다.

주현절 기간이 지나면 사순절 기간이 온다. 사순절은 주 예수의 광야에서 사십주야 시험을 받으신 일을 기억하고, 특히 명상 기도, 금식, 극기 등 훈련 기간으로 사용되고 있다. 사순절은 사순절 전 3개 주일을 전기로 하고, 사순절 기간 중은 6개 주일, 그리고 사순절 제 6주일은 부활 전 주일로서 종려주일이라 하여 주 예수께서 예루살렘에 마지막으로 입성하신 날로 지키고, 그로부터 1주간은 거룩한 주간으로서 특히 주 예수의 수난을 기억한다.

I. THE CHURCH CALENDAR

The church calendar, which is the church's heritage, is designed for the discipline of Christians in their daily lives of faith. It consists of an annual plan and is divided into two periods. The first period, lasting six months, celebrates the life of Jesus Christ, including His birth, death, resurrection, and ascension, pursuing the meaning of each as they are remembered. The second period affirms the role of the church as disciples of Jesus Christ, and offers them the opportunity to train as active Christians. During this second period, the work of the Trinity and the relationship between the church and God is explored. If used as originally planned, the church calendar does not lead to rote repetition of religious activities, but can become the gate leading to more effective practice in the daily lives of Christians of the new covenant which Jesus established.

We shall begin by looking at the first part which celebrates the life of Jesus Christ. The church year begins with Advent, the four weeks preceding Christmas which falls on Dec. 25. Advent means "come" in Latin, and the purpose of the period is to remind Christians that they are not only preparing to celebrate the coming of Christ in the form of a human child, but are also waiting for His second coming.

Following the celebration of Christmas comes the celebration of Epiphany on January 6th. Epiphany means "appearance" in Hebrew, and refers to the appearance by the infant Jesus to the wise men from the east. (In the Orthodox Eastern churches—Greek and Russian—both Christ's birth and the visit of the wise men are celebrated on January 6th.) The length of the period of Epiphany varies from two to six weeks, depending on the date for Easter. The last Wednesday in Epiphany is Ash Wednesday, when Christians are especially called to repentance.

Lent follows Epiphany in the church calendar, and is the six-week period preceding Easter. During this time, Christians recall Jesus' forty days of testing in the wilderness. It is a time especially dedicated to meditation, prayer, fasting, and self-denial. The sixth week of Lent begins with Palm Sunday, the day observed as the time Jesus entered triumphantly into Jerusalem.

The week following Palm Sunday is called Holy Week or Passion Week, and during this

거룩한 주간(수난주간)의 목요일은 세족(洗足)목요일이라 하여, 예수께서 제자들의 발을 씻어 주신 사실을 기억한다. 그리고 그 전날은 성회(聖灰)수요일, 곧 '애쉬 웬즈데이'라 하여, 회개의 날로 정하고 있다. 그리고 금요일 수난일, '굿 프라이데이'로서, 주님의 십자가를 기억한다. 그리고 이틀 뒤가 부활주일이다.

부활주일의 계산법은 3월 21일 이후의 만월(滿月) 다음 주일로 정하고 있다. 만일 만월이 주일이면 그 다음 주일이 부활주일로 된다. 부활절에는 5개 주일이 있다. 부활주일로부터 40일 되는 날이 승천일이요, 승천일에서 10일째가 성령강림주일이다.

성령강림주일로서 1년의 전반기가 끝나고, 그 다음 주일이 삼위일체주일이다. 그로부터 '삼위일체후 제1주일'이라는 식으로 계산해 나가고, '삼위일체후 제24주일' 또는 그 이상 계속되는 해가 있는가 하면 또한 삼위일체후 주일이 24까지 가지 못하는 해가 있다. 그것은 부활주일이 언제냐에 따라서 연장과 단축이 되기 때문이다.

'삼위일체주일'은 10세기쯤의 사람인 리지의 스메펜 주교에 의해 창설되었다. 동방교회나 서방교회나 모두 이 날은 '성령 강림(펜터코스테)의 옥타브(8일째)'로 지켜졌다. 교파에 따라서는 그 뒤의 주일을 '삼위일체후'가 아니라 '대림절후'로 계산하는 경우도 있다. 요컨대 삼위일체주일부터 시작되는 교회력의 후반은 교회 생활을 기억하며, 각 주일마다 각각 특수한 목표가 설정되어, 교인 상호간의 수양을 하도록 되어 있다.

2. 교회력에 따른 예전(Liturgy)의 색깔

구약 때부터 교회의 의식에는 언제나 특유한 색깔을 사용하여 거기에 내포된 의미를 부여하고 있다. 특별히 레위기에 제시된 하나님을 위한 제단 앞에는 여러 색깔이 명령대로 있었다. 기독교가 로마의 국교가 되고 동서방 교회로 분열된 후에도 이 예전의 색깔은 변함없이 그 엄숙성을 지니고 있었다.

그러나 개혁교회는 의식의 분위기를 더욱 조장시키는 예전의 색깔에 관하여 전면 부정을 하고 검정 가운 하나만으로 집례자의 사제적 위치를 인정해 주었다. 그러나 1855년 미국의 찰스 배어드(Charles Baird)와 같은 개혁자들의 주장과 함께 예전이 가진 기초적인 색깔들을 사용하기 시작했다. 이러한 예배의 시각적 요소를 되찾게 하였다.

우리들은 이러한 색깔을 통하여 예수 그리스도의 생애와 우리의 마음가짐을 인식할 수 있게 된다. 이를 위하여 교회력 색깔이 든 제단보를 월력에 제시된 색깔에 따 선교대(Pulpit)와 교독대(Lectern), 그리고 제단(Altar)에 드리우고 목사 가운 위에 드림천(Stole)으로 드리우면 된다. 그리고 교회력과 그 색깔의 의미를 주보에 설명하고 예배를 통하여 주지시키는 일이 필요하다.

다음은 예전에 사용된 예전 색깔(Liturgical Color)의

time the suffering of Jesus is especially remembered. On Thursday of Passion Week, Maundy Thursday, Christians remember Jesus' sharing of the Passover meal with His disciples and His washing of their feet. Friday, called "Good Friday" is the day of remembrance of Jesus' passion and death on the cross.

Two days after Good Friday, on Easter Sunday, Christians celebrate the resurrection of Christ. (The date for the observance of Easter is set as the first Sunday after the first full moon after March 21.)

The period of Easter in the Church Calendar lasts for five weeks, and is followed by Ascension Day, 40 days after Easter Sunday.

The season of Pentecost, which celebrates the descending of the Holy Spirit upon the Apostles, begins ten days after Ascension day. The celebration of Pentecost ends the first period of the church calendar.

The second major period of the church calendar begins with the period of Trinity. The weeks within this period are called "the first week of Trinity", "the second week of Trinity", etc. through as many as "the twenty- fourth week of Trinity", depending on the date of Easter.

The first Trinity Week was established by a Bishop Stephen, in Redge, about the tenth century. The day has been observed by both western and eastern churches as the eighth day of Pentecost.

Briefly speaking, the second part of the church calendar, starting from Trinity week, remembers the church's life and the training of the congregation according to the purpose for every week.

2. LITURGICAL COLORS

From Old Testament times, colors were used in the Tabernacle and the Temple to denote special meanings, as commanded by God Himself. After Christianity became the national religion of the empire of Rome and it divided into the eastern and western churches, liturgical colors continued to have meaning.

However, the Reformation church absolutely refused to use the liturgical colors saying it disturbed the atmosphere of the church and it adopted only black. The sacrificial nature of the office of the priest was represented by the black robe. But in 1855, with advocacy for reinsta-

의미를 밝힌 것들이다.

(1) 색깔의 정착

12세기에 와서 비로소 색깔의 의미와 절기적 축제와 교회력의 축제와 성자에 관한 숭배 등을 교회력에 관련시키게 되었다. 점차적으로 색깔에 대한 기반을 확립하게 되었는데 중세서방교회 교황 인노센트 3세(Innocent Ⅲ : 1198-1216)는 로마의 규약을 처음으로 다음과 같이 정하였다.

대림절에서 성탄 전야-보라, 청색, 검정
성탄절에서 주현절-백색, 황금색
주현절후 주일-초록
부활절-백색, 황금색
성령강림절-적색
삼위일체-백색, 황금색
삼위일체주일후-초록
순교 기념일-적색
성자 기념일-백색, 황색
세례 견실례-백색, 적색
안수, 결혼-백색
장례-보라, 청색, 검정색
교회의 헌신-백색

교회력과 색깔을 연결해서 정리하면 다음과 같다.

① 대림절(Advent)-(크리스마스 전 4주-크리스마스 이브)
　　그리스도의 오심의 준비(보라색)
② 성탄절(Christmas)-(크리스마스-1월 5일)
　　예수 그리스도의 단새의 축하(백색)
③ 주현절(Epiphany)-(1월 6일-성회수요일 이브)
　　첫번 이방인 방문 기념(백색)
　　(성회 수요일:Ash Wednesday-사순절의 첫날)(동방박사)
④ 사순절(Lent)-(성회수요일-부활절 이브)
　　부활절을 위한 회개 기도(보라색)
　　(부활절 전 40일전부터 부활절 이브) 준비적 훈련
⑤ 부활절(Easter)-(부활주일-성령강림절 이브)
　　부활의 주님안에서의 기쁨(백색)
⑥ 성령강림절(Pentecost)-(성령강림절-9월말주)
　　성령의 은사와 교회 시작 기념(적색)
⑦ 왕국절(Kingdom)-(10월 첫주-대림절까지)
　　그리스도의 사회적 책임 강요-(녹색)(11월말주)
　　교회력의 색깔은 주로 제복을 장식할 때 사용하였고 드림천(Stole)이나 장식피대(Orphrey), 의복(Apparel), 완장(Maniple) 등에 사용하였다.

tement of the liturgical colors in the church by reformers such as Charles Baird of America, the basic liturgical colors began to be used again. As the new movement in liturgy was spread all over the world, the visual factor in it which had been neglected for the past four centuries was recovered.

Through the means of textures dyed with various colors draped over the pulpit, lectern and altar, and worn over the priests's robe, according to Biblical principles, church-goers may recognize the life of Jesus Christ and reconsider their attitudes and beliefs. For this recognition to take place, explanations of the meaning of the color being used must be given in the service or written in the bulletin.

It was not until the 12th century that the meanings of seasonal colors, church festivals, and the worship of saints were included in the church calendar. Gradually, as the colors were used, they became fixed. Pope Innocent Ⅲ (1198-1216) of the Medieval western church in Rome first proclaimed the seasonal colors as a Papal Regulation as follows:

From Advent to Christmas Eve-purple, blue, black
From Christmas to Epiphany-white, gold
The weeks after Epiphany-green
Easter-white, gold
Pentecost-red
Trinity week-white, gold
After Trinity week-green
Memorial day for Martyrs-red
Memorial day for Saints-white, orange
Baptism, Confirmation-white, red
Laying on of hands, Marriage-white
Funeral ceremony-purple, blue, black
Dedication-white

The arrangement of liturgical colors and the calendar year is as follows :

1. Advent-(Four weeks before Christmas to Christmas Eve)
　Preparation for Christ's coming-Purple
2. Christmas-(Christmas Day to January 5th)
　Jesus Christ's birthday celebration-White
3. Epiphany-(January 6th to Ash Wednesday Eve)
　First visit of the wise men-White
4. Lent-(Ash Wednesday to Easter Eve)

(2) 성서로 본 색의 의미

✶. 흰색(White)−성결(Purity):완전한 승리, 기쁨을 상징한다.

예수님의 생애에서 예수님의 수난일을 제외하고 주요절기를 나타내는 색이다.

① 그리스도의 축제와 연관된 색으로서 기쁨 및 즐거움을 의미한다.(성탄절)
② 주의 만찬의 시작에 대한 기쁨을 암시한다.(성목요일)
③ 연중 최상의 거룩한 날로 지키는 풍요함을 주는 날이기도 하다.(부활절과 부활주일후)
④ 예수 그리스도를 통하여 하나님의 사랑을 완성시킨 것을 의미한다.

✶. 붉은색(Red)−보혈(Blood):성령, 순교, 열심, 사역, 하나님의 사랑을 상징한다.

① 그리스도의 보혈은 상징하는 희생과 수난의 표이며 한편 승리의 색이기도 하다(수난주일)
② 성령의 불을 상징한다(성령강림절)
③ 하나님의 자녀들의 희생적인 생활할을 의미하며 교회의 순교의 피를 상징한다.

✶. 보라색(Purple)−위엄(Dignity):참회를 상징한다.

① 오시는 왕을 위한 임금의 위엄과 존엄성을 암시한다.(대림절)
② 엄숙성을 암시하면서 청결과 영적 씻음을 암시한다.
③ 죄로 인하여 죽을 수 밖에 없는 인간들에게 회개할 수 있는 기회를 부여해 줌을 의미한다.

✶. 초록색(Green)−성장(Growth):세계선교, 소망, 중생, 양육, 성장을 상징한다.

① 영원성 그리고 크리스챤들의 신앙의 영원불멸(Penance), 종교적 소망(Religious Hope)의 신선함을 의미한다.
② 영적인 성장과 희망, 성결, 생명을 의미한다.(삼위일체주일 후−강림절까지)
③ 영원을 향한 성장으로서 결혼식에도 사용된다.

✶. 흑색(Black)−슬픔을 상징한다.(수난일)

✶. 무지개색(Rainbow)−약속을 의미한다.(창9:12−17)

✶. 황금색(Gold)−불변을 의미한다.(계1:13)

✶. 새 예루살렘의 색깔

백옥(다이아몬드)	남보석(청옥색)
옥수(하늘색)	녹보석(녹색)
홍마옥(분홍색)	녹옥(청녹색)
담황옥(엷은 녹색)	비취옥(자주색)
청홍(붉은 주황색)	자정(보라색)
홍보석(붉은색)	황옥(금색)

벽옥−존귀, 견고
유리−순결성
12보석−존귀를 상징
진주−완전성(천국의 진리)

Prayer of repentance preparing for Easter−Purple
(From 40 days before Easter to Easter Eve)
Preparation
5. Easter−(Easter week to Pentecost Eve)
Easter is a time of joy in the Lord−White
6. Pentecost Season−(Pentecost to last week in September)
The filling of the Holy Spirit and founding of the Church−Dark Red
7. Kingdom Season−(First week of October to Advent)
Strengthening Christ's work in society−Green

The liturgical colors are used in the clothing such as the stole, vestments and arm bands.

BIBLICAL MEANINGS OF COLORS ARE AS FOLLOWS :

White : purity, delight in victory, pleasure
① At Christmas, it means pleasure and gladness at Christ's birth.
② On Holy Thursday, it suggests pleasure at the Last Supper.
③ On Easter and the following week, it suggests joy.
④ It carries the meaning of God's love perfected through Jesus Christ.

Red : blood, the Holy Spirit, the Martyrs, God's love.
① During Passion Week, it stands not only for Christ's blood, the symbol of sacrifice, but also for victory.
② It suggests the sacrificial lives of Christians as God's children, and the blood of Christian martyrs.

Purple : dignity, penitence.
① During Advent, it stands for dignity and the sanctity of the Second Coming of Jesus as King.
② During Passion Week, it suggests purification and spiritual challenge.
③ It means provision of an opportunity for penitence for all mortal beings owing to their sins.

Green : growth, world−wide mission work, hope, being born again, the discipline of the congregation.
① It stands for eternity and the Christian's permanent belief and for pure religious hope.

교회력과 색깔을 연결해서 정리하면 다음과 같다.

1. 대림절(Advent)-(크리스마스 전 4주~크리스마스 이브)
   그리스도의 오심의 준비(보라색)
2. 성탄절(Christmas)-(크리스마스~1월 5일)
   예수 그리스도의 탄생의 축하(백색)(보라색)
3. 현현절(Epiphany)-(1월 6일~성회수요일 이브)
   첫번 이방인 방문 기념(백색)
   (성회수요일;Ash Wednesday-사순절의 첫날)(동방박사)
4. 사순절(Lent)-(성회수요일-부활절 이브)
   부활절을 위한 회개 기도(보라색)
   (부활절 전 40일부터 부활절 이브)준비적 훈련
5. 부활절(Easter)-(부활주일~오순절 이브)
   부활의 주님 안에서의 기쁨(백색)
6. 오순절(Pentecost)-(오순절~9월말 주)
   성령의 은사와 교회 시작 기념(적색)
7. 왕국절(Kingdom)-(10월 첫주~대강절까지)
   그리스도의 사회적 책임 강요(녹색)(11월 말 주)

② During Advent after Trinity week, it stands for spiritual growth, hope, purification, life.

③ At a wedding ceremony, it symoblizes eternal growth.

Black : At the passion, stands for grief

Rainbow colors : Stands for promise (Psalm 12 : 17)

Gold : immutability (Revelation 1 : 13)

Colors mentioned in the New Jerusalem are a white diamond, a deep indigo blue jewel, a pink gem, a blue-green gem, a light green gem, a purplish red green jadeite, a red-orange gem, a violet gem, a golden jade. The jasper stands for nobility and firmness. Glass stands for purification. The twelve jewels symbolize nobility, and pearls symbolize perfection(the truth of heaven).

COLORS AS USED IN THE MODERN CHURCH CALENDAR :

Advent—The four weeks before Christmas until Christmas Eve, Preparation for coming of the Christ : Purple

Advent—Christmas until January 5. Celebration of the birth of Jesus Christ : White and Purple

Epiphany—January 6 until Ash Wednesday Eve, to commemorate the visit of the wise men from the east, the first Gentiles to worship Jesus : White

Lent—40 Days from Ash Wednesday until the Eve of Easter, prayers of repentance and preparation for Easter : Purple

Easter—from the week of Easter until the Eve of Pentecost, marked by joy in the Lord who is risen from death : White

Pentecost until the end of September—Celebration of the beginning of the church and coming of the Holy Spirit on the Apostles : Red

Kingdom—the first week of October until Advent—contemplation of the responsibility of Christians in society : Green.

Ⅱ. 대림절

1. 대림절의 의미

교회력은 대림절로부터 시작된다.

대림절은 11월 30일에서 가장 가까운 주일에서 시작되어 4주간 동안 계속된다. 대림절을 뜻하는 영어 단어(Advent)는 라틴어의 Ad와 Venier로 되어 있다. 이 단어는 '오다(come to)'라는 의미를 지니고 있다. 우리는 여기에서 대림절의 의미를 찾을 수 있다. 대림절 기간동안 우리는 이미 이 땅에 오셨고 그리고 성령 안에서 우리를 만나주시고 장차 심판주로 오실 예수 그리스도를 축하할 수 있을 것이다. 따라서 성도들은 대림절을 맞이하며 하나님께서 구약의 예언자들을 통해 주셨던 약속을 그리스도 안에서 이루셨다는 사실을 알아야 할 것이다. 이와 아울러 오늘도 우리의 삶의 현장에서 찾아 오시는 예수 그리스도의 영적인 임재를 체험할 수 있어야 한다. 그리고 종말에 이 역사 속에 다시오셔서 심판하실 그리스도를 기다리며 성도답게 살아야 할 것이다.

2. 대림절의 신학

(1) 그리스도의 오심은 이스라엘 역사의 정점을 이루고 있다. 즉 하나님의 구원 계획이 펼쳐진 구속역사의 절정이다. 구약을 통해 하나님께서는 하나님의 아들을 세상에 보내시기 위해 준비하셨다. "때가 차매 하나님이 그 아들을 보내셨다"(갈 4 : 4)는 말씀과 같이 대림절에서는 구약에 담겨있는 하나님의 약속이 강조되어야 한다.

(2) 베들레헴의 말구유에 태어난 아기는 하나님의 아들이요 메시야였다.

"말씀이 육신이 되어 우리 가운데 거하시매 우리가 그의 영광을 보니 아버지의 독생자의 영광이요 은혜와 진리가 충만하더라"(요 1 : 14) 이 말씀에서 보는 바와 같이 대림절에서는 인간의 몸을 입고 오신 예수 그리스도 안에 있는 은혜와 진리를 발견하는 절기가 되어야 한다.

(3) 대림절은 또한 그리스도의 재림과 관계가 있다. 전통적으로 대림절에는 그리스도의 초림(First coming)과 함께 세상을 심판하기 위해 다시 오실 그리스도의 재림(Second coming)이 포함되었다 "주의 길을 예비하라."는 이사야서의 예언에 따라 세례 요한은 그리스도의 오심을 준비하였다. 이와 같이 성도들은 깨어서 기도하며 영적인 준비를 해야 할 것이다.

3. 대림절의 색깔

대림절에는 보라색을 사용한다. 이 색깔은 희망과 대망(기다림)의 빛깔이다. 보라색이 우리에게 주는 의

Ⅱ. ADVENT

1. The meaning of Advent

Meaning : The church calendar begins with Advent. Advent begins on the nearest Sunday to November 30, and continues for four weeks. The English word is rooted in the Latin words "an" (to) and "venior"(come), hence the meaning "to come." During Advent we give honor to Jesus Christ who has come already, has met us through the Holy Spirit, and will come again as the Judge of the world in the future.

Therefore, observing Advent, we believers should recognize the fact that through Jesus Christ, God carried out the promise which He gave through the prophets of the Old Testament days. And we should experience Jesus Christ's spiritual coming, moment－by－moment, into our lives today. Further, we should live in expectation of Jesus Christ's return again in human history, and His judgment of the world in the end.

2. Theological Approach

(1) Jesus Christ's coming is the peak of Israel's history. It is the climax of redemptive history in which God's plan of salvation is developed. Throughout the Old Testament, God says that He will send His Son to the world. Then, "when the right time finally came, God sent His own Son"(Galatians 4 : 4). Advent emphasizes these facts.

(2) The baby born in the manger in Bethlehem was the Messiah and the Son of God. "And the word became flesh and dwelt among us and we beheld His glory as of the only begotten of the Father, full of grace and truth", according to John's account of the Gospel. During Advent men discover the grace and truth immanent in Jesus Christ who came in human form.

(3) The season of Advent also has connection to Jesus Christ's Second Coming. From its beginning, Advent speaks not only of the First Coming, but also of the Second Coming of Jesus Christ who will at that time judge the world. In accordance with the prophecy of Isaiah, "Prepare the way of the Lord", John the Baptist came and prepared for His coming. In the same way,

미대로 우리의 희망 속에서 즐거워 하며 그리스도의 오심을 축하해야 할 것이다(Celebrate). 성탄의 참뜻을 깨닫지 못하고 주의를 기울이지 않는다면 성탄의 세속적인 무드에 빠지게 된다. 그러므로 가정에서는 대림절의 성경 말씀을 읽고 그리스도의 강림의 찬송을 부르며 기다림의 신앙을 가져야 할것이다. 이러한 기다림의 신앙을 지니기 위해서는 우리자신을 준비해야 한다.

먼저 우리는 빛으로 오신 그리스도를 맞이하기 위해 우리 안에 있는 삶의 어두운 부분들을 회개해야 한다. 교회의 역사를 통해 볼 때 전통적으로는 12월 21일에는 다음과 같은 기도를 하곤 하였다. "영원한 빛이요, 의의 태양이시여 오셔서 흑암과 죽음의 그늘에 앉은 자를 비추소서" 이 기도를 통해 우리는 우리의 영적 상태를 돌아보고 새롭게 주님을 만날 수 있을 것이다. 이런 영적 성찰과 함께 우리는 예수 그리스도를 통해 나타난 하나님의 사랑을 체험할 수 있을 것이다. 그리고 이 사랑에 감사하며 하나님께 예배드리며 성탄의 참뜻을 다른 이들과 함께 나누기 위해 계획을 세울 수도 있을 것이다. 이와 같이 대림절은 주님을 영접하는 즐거운 소망을 가지고 신앙을 다시금 새롭게 하고 결단하는 의미의 계절이다.

believers should be awake, expectant, and prayerfully preparing spiritually for Jesus' Second Coming.

3. In the Church Life

During Advent, purple is used in the church as a symbol of hope and expectation. As Christians we should be filled with joy and hope as we prepare to celebrate the coming of Jesus Christ at Bethlehem. Without this recognition of the true meaning of Christmas, and due attention given to it, Christians easily succumb to the worldly Christmas mood. So, in the home as well as in the church, believers should read passages from the Bible relating to Advent, and sing hymns praising His Coming, in the faith of expectation. In order to have this kind of faith, Christians must prepare themselves. First, there must be repentance for the darkness in our hearts. Through the church's history, a traditional prayer used on December 21st has been "Come, eternal Light and Son of justice, and shine on the people who are sitting in darkness and the shadow of death". Secondly, as we consider the spiritual meaning of Christmas, we can make plans to share its true meaning with others. If observed in this way, Advent is a meaningful season in which we renew our faith and joyfully prepare to experience God's gift.

Ⅲ. 성탄절

1. 성탄절의 의미

크리스마스(Christmas)란 말은 그리스도(Christ)와 마스(Mas)로 구성되어 있다. 여기서 '마스'란 '예배'와 같은 말이다. 카톨릭 교회에서 예배를 '미사'드린다고 한다. 미사와 마스는 같은 말이다. 그러므로 크리스마스란 그리스도의 탄생을 축하하고 예배한다는 의미를 담고 있다. 그러면 우리는 왜 그리스도를 예배하고 그의 나심을 축하해야 하는가? 우리가 예배하는 근거는 바로 우리의 구원을 위해 오셨다는 구속적인 의미를 우리는 다음과 같이 정리할 수 있다.

(1) 그리스도께서는 죄의 문제를 해결하시고 자유를 주시기 위해 오셨다. 세례 요한은 예수님을 가리켜 "세상 죄를 지고 가는 하나님의 어린 양"이라고 했다(요 10 : 10)

마태복음 저자는 예수님의 이름의 뜻을 '자기 백성을 죄에서 구원할 사'라고 했다(마1 : 12) 이를 통해서 볼 때 예수님께서 이 땅에 오신 이유는 인류의 죄의 문제 해결에 있음을 알 수 있다.

(2) 그리스도께서는 생명을 주시고 삶을 풍성하게 하시기 위해 오셨다(요10 : 10)

죄의 문제의 해결은 곧 죽음의 문제의 해결이다. 범죄함으로 인해 하나님과의 관계가 단절되고 영원한 죽음이 들어오게 되었다. 그러나 그리스도께서는 어두움과 죽음의 그늘에 앉은 자에게 빛을 비춰 주시고 영원한 소망을 주셨다. 누구든지 그리스도를 영접하기만 하면 영원한 생명을 얻고 변치 않는 소망 가운데 이 땅에서도 풍성한 삶을 살게 될 것이다.

(3) 그리스도께서는 역사의 방향을 전환시키시기 위해 오셨다. 하나님께서는 흑암중에 절망하는 이들에게 그리스도를 통해서 빛을 주시고 개인적인 차원 뿐 아니라 역사적인 차원으로도 새로운 희망의 세계를 열어 주었다. 우리는 이러한 새 희망으로 향하는 역사적 전환을 주님의 연대(Anno Dominie)에서 찾을 수 있다. 이 Anno Dominie는 우리의 주 되신 예수 그리스도를 통해 새 역사가 시작되었음을 뜻하는 것이다.

2. 성탄절의 유래

12월 25일을 성탄일 즉, '예수 탄생기념일(Christmas)'로 시작한 것은 안디옥의 주교인 '데오빌로스(Theophilos)'였다. 그후 로마 교황 '리비리우스'가 주후 354년에 예수 잉태한 날이 3월 25일이기 때문에 예수 탄생일을 12월 25일로 정하여 성탄절로 지키게 되었다. 로마에서는 12월 25일 동지에 태양신(미도라)의 복귀를 축하하던 풍습에 의해, 태양이신 그리스도의 성탄과 결합되어 고대의 풍습에 기독교적 색채가

Ⅲ. CHRISTMAS

1. Meaning

The word Christmas comes from the two words "Christ", and "Mass". In the Catholic church, the idea of worship is expressed by "reading mass". Therefore the word "Christmas" means celebrating the birth of Christ, and giving worship to Him. The reason for celebration of Jesus' birth and our worship of Him lies in the redemptive meaning for His coming. To explain "redemptive meaning", we must realize, in the first place, that Jesus Christ came to settle the problem of our sins and give us freedom from them. John the Baptist called Jesus Christ "The lamb of God, who takes away the sin of the world"(John 1 : 29). The writer of Matthew said the meaning of the name "Jesus Christ" is "the person who will save his people from their sins" (Matt 1 : 21). These two passages help us to realize that Jesus came to the world in order to save human beings from their sins.

Secondly, we must realize that Jesus Christ has come in order that He might give us life in all its fullness (John 10 : 10). The resolution of sin, as seen above, has settled the problem of death. By committing sin, our connection with God was cut off and we were consigned to permanent death. But Jesus Christ gives light and permanent hope to those who were under the darkness and fear of death. Anyone who accepts Jesus Christ will be given not only abundant life in this world, but eternal life as well.

The third reason for worshipping Jesus Christ is that He came to turn the direction of history. Through Him, new hope was offered not only to individuals, but also to the whole of world history. We are reminded of this in the words Anno Dominie(A.D.), showing that in Christ is found the beginning of a new era of history.

2. Origin :

Bishop Theophilos of Antioch was the first to commemorate December 25th as Christmas, and after that, in 354 A.D., Pope Liberius ordered that December 25th be set as Christmas (and subsequently, set March 25 as the date on which Mary became pregnant by the Holy Spirit). In Rome, the return of the Godess of the Sun

가미된 것이다.

AD.400년에 로마 황제가 성탄절을 부활절, 주현절과 같이 국가의 3대 절기로 공포하고 이 날은 극장과 오락 기관의 문을 닫게 하였다. 프랑스에서는 동지의 태양신 예배인 '노엘'이 성탄절로 변하였고 영국에서는 원정의 12월 25일 '율'의 축하연이 칸타베리의 '어거스티누스'에 의하여 AD.604년에 기독교화되어 성탄절이 되었다. 독일에서는 오랜 민속적인 '와이 나하트 웨스트(즐거운 밤)'를 교회의 연중 행사의 하나로 성탄절로 제정하였다. 덴마크에서도 겨울의 시작과 신년 '율'의 축일 관습에 성탄절의 종교적 의미가 가미되게 되었다. 한국의 경우에는 1885년 선교사가 들어온 후에 성탄절을 지키게 되었는데 그 방법은 미국과 유럽을 모방하였다. 성탄절에 볼 수 있는 성탄목은 북유럽 산림지대의 '튜톤족'의 '성수사상'(聖樹思想)과 로마 고대 풍습과의 혼합적 산물이다.

3. 성탄절을 맞는 우리의 마음가짐

(1) 베들레헴 성 밖에서 천군 천사들이 '지극히 높은 곳에서는 하나님께 영광이요, 땅에서는 기뻐하심을 입은 사람들 중에 평화로다.' 하신 선포가 오늘날의 세계속을 향하여 있어져야 한다. 고통과 빈곤 속에 살며 온갖 부조리 속에 사는 현대인들에게 그리스도의 오심을 선포해야 한다.

예수를 믿는 이들은 하나님의 자녀된 긍지와 기쁨을 갖고 그 기쁨과 사랑을 더욱 힘있게 전해야 한다. 갖가지 행사를 통해서 예수를 전하고 장식으로 전파하고 카드를 전하고 봉사로 예수를 전하려고 해야 한다.

(2) 세상일을 접어두고 하나님이 주신 선물인 예수님께 감사하며 경배해야 한다.

첫번째 크리스마스에는 목자(유대인)과 동방박사(이방인)가 순수한 마음으로 경배했다. 이들의 경배를 통해 크리스마스는 특별한 사람에게만 제한되어 있지 않고 누구에게나 경배의 기회를 제공하고 있음을 보게 된다. 크리스마스란 차별 없이 만민에게 주어진 하나님의 구원 약속이 선포되는 기회이다. 또한 동시에 하나님의 약속에 믿음과 경배로 응답하는 축복의 시간이다. 그러므로 모두 경배할 수 있는 계기를 마련해야 한다.

(3) 받은 사랑에 감사하며 사랑을 실천하는 기회로 삼아야 한다. 헤프리(Hefley)는 성탄절에 이웃을 돕는 일에 참여하며, 특별히 가족과 친구 외에 다른 이들에게 기쁨을 줄 수 있는 시간을 마련할 것을 제안하고 있다. 또한 우리를 위해 이해심을 가지고 수고한 모든 사람을 기억해야 할것이라고 한다. 이를 위해 마음의 말구유를 준비해야 할 것이다.

(Meedorah) was celebrated on December 25th, the winter solstice, and this ancient celebration was joined with the Birth of Christ to be called Christmas. In 400 A.D., the Roman emperor declared officially that Christmas would be one of three national holidays, along with Easter and Epiphany, and ordered that theaher and recreation facilities be closed on those days.

In France, "Noel", the worship of the Godess of the Sun of the winter solstice was also changed into Christmas. In Britain, with Christianization in 604, the celebration banquet for "Yule" on December 25th was set as Christmas by Augustinus of Canterbury.

The Germans made a traditional folk celebration into Christmas as one of the annual events of the church. In Denmark, the religious aspect of Christmas was added to the beginning of winter and the traditional celebration of Yule of the new year.

As for Korea, the beginning of the Christian church occurred soon after the first missionaries came in 1885, and the Christmas celebration of the first Korean Christians was an imitation of that of America and Europe.

The Christmas tree is the compound by-product of the thought of the Holy tree of the Teutons in the forest area of Northern Europe and of Ancient Roman customs. The merriment of decorating the Christmas tree corresponded to the merriment and joy surrounding Christ's birth.

3. In the Church's Life :

The announcement of the angels from heaven outside Bethlehem, "Glory to God in the highest, and on earth peace, goodwill toward men", has to be proclaimed to the world today. To people who live in suffering, poverty and every sort of inequality, the word that Jesus is coming must be proclaimed. People who believe in Jesus, having the joy and pride of being children of God, should spread the love and joy of God actively to others, through every means: Christmas programs and decorations, the sending of Christmas cards, and loving acts of service.

Just as at the first Christmas, the shepherds (Jews) and the Wise men from the East (Gentiles) came to worship Jesus as a great gift from God, Christmas today offers the opportunity to worship not just to certain persons, but to all.

Christmas announces the promise of salvation which is given to everybody equally. At the same time, it is a time of blessing to which Christians must respond with faith and worship. For this reason, special opportunities for worship together must be planned.

We must make opportunities to give thanks for the love that has been given, and to practice that kind of love. Hefley suggested that it should be a time for giving joy to others, giving help to neighbors as well as family and friends. Also, we should remember with deep understanding all of the people who have troubled us. For this, we have to prepare a manger in our hearts.

Ⅳ. 주현절(Epiphany)

1. 주현절의 명칭과 특징

(1) 주현절의 명칭
'주현절'이라는 명칭은 '나타남'을 뜻한다. 빛이 어둠 속에서 스스로를 나타내고 하나님이 예수에게서 자신을 계시하시고 하나님의 영광을 예수께서 보이신다는 뜻이다.

역사가 흐르면서 주현일은 현현 축일(Feast of Manifestion), 빛의 축일(Feast of Light), 그리스도 출현의 축일(Feast of the Appearing of Christ), 세 왕의 축일(Feast of the Three Kings), 열이튿날(The Twelfth day) 등과 같은 이름으로도 알려지게 되었다.

(2) 주현절의 역사성
주현절은 교회력에서 부활절 다음으로 가장 오래된 절기이다. 소아시아와 이집트에서는 주현절이 2세기 때부터 지켜졌다. 1월 6일이 주현일로 선택된 이유는 그것이 동지, 즉 태양신의 생일 축하하는 이교도의 축일이었기 때문이다. 그러나 그리스도인들은 이 동짓날을 주현절로 대체해 버렸다. 이 때의 강조점은 빛의 중생이었다.

이후 동방의 교회는 주현절을 예수의 세례라는 견지에서 축하하기를 계속했지만 서방 교회는 주현절을 동방박사의 방문과 관련지었던 점이 특이하다. 새로운 성구집과 달력은 그 둘을 결합하여 동방박사의 방문을 주현일(Epiphany day)에 두고 예수의 세례를 주현일 후 첫째 주일에 두고 있다.

(3) 주현절의 절기
매 7년마다 6번의 주현절이 평일로 된다. 이때 1월 6일 후의 주일은 '주현절 후 둘째 주일(Sunday after the Epiphany)'이라는 명칭을 가진다. 주현절을 지키는 주간의 수는 부활절의 날짜에 따라 다르기 때문에 신축성 있는 절기인데 지금의 주현절 절기는 6주일에서 9주일까지 이른다.

2. 주현절의 의미

(1) 주현절의 별(Epiphany Star)
주현절은 동방박사들을 말구유로 인도한 별과 관련된다. 주현절의 별은 성육신을 상징하는 오각형의 별이다. 이러한 베들레헴의 별이 나타난 목적은 사람들을 그리스도에게로 인도하는 것이었다. 그 별은 우리를 그리스도로 데려가는, 위로부터의 도움이다. 이것이 주현절에 교회가 복음 전파를 강조하게 되는 한 이유이다. 그리고 그 별은 또한 우리를 구유에 누운 아기의 진리 속으로 인도한다. 우리는 예수의 본성을 항상 더 깊이 이해할 수 있도록 인도를 받는 것이다.

Ⅳ. EPIPHANY

(1) Name and Characteristics :
 "Epiphany" means "appearance". It implies that light shows itself in the midst of darkness. God shows Himself through Jesus Christ, and Jesus Christ shows God's glory. As time went by, Epiphany was called "Feast of Manifestation", "Feast of Light", "Feast of the Three kings", "Feast of the Appearing of Christ", and "The Twelfth Day".

(2) History :
 Epiphany is the oldest in the church calendar, next to Easter, in Asia Minor and Egypt, and was celebrated from the second century. The reason January 6th was chosen for the celebration of Epiphany was that day was already celebrated by pagans as the birthday of the god of the sun (at the winter solstice). But, the Christians substituted Epiphany for the pagan celebration of the winter solstice, a day that emphasized the rebirth of light.

 After that, the Eastern church continued to celebrate Epiphany as an aspect of Jesus Christ's Baptism. On the contrary, the Western church related Epiphany to the visit of the Wise Men from the East. They produced new hymn books and a church calendar which put the visit of the Wise men from the East on Epiphany, and the celebration of the Baptism of Jesus Christ on the first Sunday after Epiphany.

(3) Season :
 Six Epiphany celebrations fall on weekdays every seven years. Then the next Sunday after January 6th is called the second Sunday after the Epiphany. The number of weeks in Epiphany differs according to the date on which Easter falls, so it is flexible. The length of Epiphany today runs from six to nine weeks.

2. The Meaning of Epiphany

(1) Symbols :
 The Epiphany star stands for the star which led the visitors of the East to the manger. The Epiphany star, which has five points, symoblized

(2) 주현절의 촛불

이 절기에 사용되는 다른 상징은 어두운 세상에 빛을 비추는 촛불이다. 그리스도는 세상의 빛이다. 그는 아기, 즉 작고 연약한 촛불로서 세상에 온다. 주현절 동안 우리는 예수에게서 하나님의 빛을 본다. 그는 하나님을 계시하고 보여 주고 나타낸다. 그 빛은 하나님에게서 와서 인간에게 주어지며 점점 크게 영광의 빛으로 자란다. 그리고 자신을 태운 뒤 십자가에서 부활절에 다시 점화되는 것이다.

(3) 예배의 절기로서

주현절은 예수께서 현현된 하나님의 영광과 관계있기 때문에 예배의 절기이다. 이 절기는 동방박사가 갓 태어난 왕을 경배하러 오는 것에서 시작하여 변화산의 예배 경험으로 끝난다.

(4) 증거의 절기로서

주현절은 빛의 절기인데, 빛은 보이고 드러나게 된다. 그 빛은 모든 사람이 하나님에게 가는 길과 진리를 볼 수 있도록 한다. 이때는 복음전파, 즉 복음을 알리고 어두운 세상에 그리스도의 빛을 퍼뜨리는 것을 강조해야 할 때이다.

(5) 승리의 절기로

전 인류의 그리스도(Universal Christ)가 주현절의 중심이다. 그리스도의 빛을 그리스도인들에게만 비치는 것이 아니라 그들을 통해 인류의 구원에까지 이르러야 한다.

3. 주현절의 색깔

주현절, 주님의 세례일 및 산상변화일에는 '흰색'이 사용된다. 이 큰 세 날에 흰색이 사용되는 것은 이 날들이 축하의 때이기 때문이다. 흰색은 빛, 영광, 승리 및 축하를 나타낸다. 이 세날 이외의 주일에는 녹색이 사용된다. 녹색은 성장의 색깔이다. 주현절 동안 우리는 하나님의 아들로서의 그리스도의 본성을 점점 더 확실히 깨달아야 한다. 한 주일이 더 갈 때마다 하나님께서 예수 안에서 자신의 영광을 점점 더 드러내시기 때문이다.

the holy birth. The star of Bethlehem appeared in order to lead the visitors to Jesus Christ. This symbol reminds us of help from heaven to lead us to Jesus Christ. For this reason the church puts emphasis on the Gospel on Epiphany as a means of leading persons today to the true entity of the Baby lying in the manger, just as the star led the wise men to Him.

(2) Another symbol of Epiphany is a candle, giving Light to the dark world. Jesus Christ is the Light of the World, but He came in the form of a baby, a small and fragile being like a candle. During Epiphany, we see the light of God through Jesus Christ. He reveals, shows, manifests God. The Light originates from God and is given to human beings. It glows with the light of glory. However, the candle burns out and is relighted, as Jesus Christ was crucified and resurrected on Easter.

(3) Seasons :

Being related to the manifested glory of God, the Epiphany Season of Worship begins with the visit of the wise men from the east to the new−born Baby, and ends with the worship experience of the Mount of Transfiguration.

(4) The Epiphany Season of Witness is related to the Light which is shown, and which guides all people to see the road to God and truth. Epiphany is the time Christians should carry out that task, spreading the Light of Christ over the world.

(5) Because the Universal Christ is the motto of Epiphany, the Season of Victory reminds Christians that the Light not only gives light to Christians, but that all human beings should be saved through Him.

3. Epiphany's Color :

The color white is used to celebrate the feast days of Epiphany, Jesus Christ's baptism and the Transfiguration on the Mount because white stands for light, glory, victory and celebration. Except for the three feast days mentioned above, the color green is used during Epiphany, because green is the color of growth. During Epiphany, God gradually reveals His own glory in Jesus Christ, and Christians grow in the realization of the true entity of Jesus Christ.

V. 사순절

1. 사순절의 의미

사순절(Lent)이란 봄이 길다는 앵글로 색슨에서 온 말로 라틴어로 번역해서 사용하고 있다. 교회력에서는 이 긴 봄에 예수님께서 고난 당하시고 죽으심을 기억하고 개인과 교회가 그리스도의 고난에 동참하는 기회를 제공하고 있다. 이 절기는 속죄일(Ash Wednesday)에서 성금요일로 이어져서 부활절 직전까지 계속된다. 본 절기의 기간은 주일을 뺀 6주간으로 실제로는 46일이 된다.

절기가 계속되는 동안에 성도들은 부활절을 준비하며 회개를 통해 영적인 준비를 하게 된다. 또한 예수님께서 남겨 놓으신 고난을 성도들 자신의 삶 속에 채워 놓고자 신앙적인 결단을 하게 된다. 사순절의 절정은 예수님께서 당하신 성 금요일의 고난 사건이다. 카톨릭 교회에서는 이 고난의 의미를 되새기기 위해 예수님의 고난의 발자취를 비아돌로로사(Via Dolorosa : 슬픔의 길)라는 길로 만들었다. 그리고 다음과 같이 14처소를 정하여 순례의 길을 마련해 놓고 있다.
  (1) 로마 총독 빌라도에게 사형선고를 받는 곳.
      마가복음 15 : 16, 20
      요한복음 19 : 13-16
      마태복음 27 : 26
      누가복음 23 : 25
  (2) 예수님이 십자가를 지신 곳.
      요한복음 19 : 17
  (3) 예수님이 십자가를 지시고 첫번 넘어진 곳.
      누가복음 23 : 26
  (4) 예수님께서 괴로워하는 모친 마리아를 만나신 곳.
  (5) 구레네(아프리카) 시몬이 대신 십자가를 진 곳.
      누가복음 23 : 26
  (6) 베로니카(Veronica)가 수건으로 예수님의 이마에 흐르는 땀을 씻으신 곳, 수건에 예수님의 얼굴이 사진같이 박혀진 장소.
  (7) 예수님께서 두번째 넘어지신 곳.
  (8) 예수님께서 예루살렘의 여인들을 울지 말라고 위로하신 곳
      누가복음 23 : 28
  (9) 예수님께서 세번째 넘어지신 곳
  (10) 예수님의 옷을 로마 군인들이 제비뽑아 나눈 곳
      마가복음 15 : 23
      요한복음 19 : 23
      마태복음 27 : 35
  (11) 예수님께서 십자가에 못박히신 곳
      마태복음 27 : 35
  (12) 예수님이 운명하신 곳
      마태복음 27 : 50~54

V. LENT

1. Meaning and Characteristics :

The word Lent came from Anglo-Saxon, meaning "a long spring", and was later used in Latin translations. In the church calendar, the period of time is marked by remembrance of Jesus' suffering and death in the long spring. This season provides an opportunity for Christians and the church to share Jesus' sufferings with Him.

The season starts from Ash Wednesday and continues to Good Friday, just before Easter. The period lasts for six weeks, which, excluding Sundays, is forty six days.

During this season, Christians prepare spiritually for Easter through repentance for their sins. There is a new acknowledgment of the forgiveness of sin received from God through the suffering and death of Jesus Christ. Christians are also given the opportunity to make a new decision of faith regarding the use of the remainder of their own lives in suffering for Jesus' sake.

The climax of Lent is on Good Friday, the day of Jesus' crucifixion and death. The Roman Catholic church, in order to provide reminders of Jesus' suffering, has created fourteen "Stations of the Cross", along the Via Dolorosa(Road of Sadness). The stations, with Scripture references, are as follows:
(1) Place where Jesus received the death sentence from Pilate, the Roman governor (Mark 15 : 16, 20, John 19 : 13-16, Matthew 27 : 26, and Luke 23 : 25)
(2) Place where Jesus carried His cross(John 19 : 17)
(3) Place where Jesus fell the first time while carrying His cross(Luke 23 : 26)
(4) Place where Jesus met Mary, His mother, who was in great pain.
(5) The place where Simon from Africa took Jesus' cross to carry.
(6) The Place where Veronica wiped the sweat off Jesus' brow with a towel, and a photographic likeness of His face appeared on the towel.
(7) The place where Jesus fell the second time.
(8) The place where Jesus comforted the women of Jerusalem, telling them not to cry.
(9) The place where Jesus fell the third time.

마가복음 15 : 37~39
누가복음 23 : 46~47
요한복음 19 : 30
(13) 예수님의 시신을 십자가에서 내리운 곳
요한복음 19 : 38
(14) 예수님의 시체를 장사한 곳
요한복음 19 : 38

위 14 사건 중(4), (6), (7), (9) 넷은 성경에 기록이 없고 전설로 전해오는 것이다.

2. 사순절의 유래

사순절의 유래는 초대교회부터 시작된다. 주후 6-7세기경부터 초대교회에서는 유월절에 이어 니산월경 밤을 세우며 예배를 드렸다. 이날은 희생이 되신 어린 양 예수의 공로로 새로 태어났으며 그리스도의 지체로서 성도들의 중재의 기도 성찬의 교제에 참여하였고 죄와 죽음의 세계에서 하나님의 자비로 자유와 사랑과 정의의 나라에 백성이 된것을 감사하는 날로 지켰다. 바스가의 초대교회의 중심이 되는 성일이었고 주일과 같이 기독교 절기의 처음이 되었다. 이 날은 성도들의 감격과 흥분과 희열이 최고조에 이르렀던 것이다.

이때는 교회가 흑심한 박해와 고비를 넘을 때이므로 저들에게는 신앙이란 육체의 생명을 잃는 것을 의미하는 뜻도 있었다. 이렇게 목숨을 걸고 영원한 생명을 얻기 위한 각오와 결심은 우리로서는 상상하기 어려운 일이며 그리스도로부터 얻은 구원의 기쁨은 평안한 형편 속에서 하나님을 섬기는 교인들로서는 도저히 이해하기 어려운 일이다. 이 은혜스런 바스가에 세례와 입교를 받기 위하여 2주간의 준비기간을 두고 금식기도를 드리며 신령한 훈련에 참가하고 이미 교인된 사람은 세례받을 사람과 같이 금식기도 생활에 힘썼다.

3세기 중엽 가장 핍박이 심할때는 신앙의 승리를 갈망하여 금식기도의 기간을 6주간으로 연장하였고 밤낮 40일간을 금식하시며 기도하신 후 사탄의 시험을 이기신 그리스도의 광야의 기도를 생각하며 바스가절의 신앙 훈련을 받았다. 이렇게 신앙이 넘치는 바스가의 신앙 훈련도 기독교가 공인되고 로마의 국교가 된 후부터 변하기 시작했다. 사순절이 40일이 기간으로 확립된 것은 오랜 기간의 변천의 결과였다.

원래 1세기에는 사순절이 단 40시간 동안 있었던 것과 일치시키기 위해서였고 40시간이 끝나는 오후 3시에는 부활절 예배가 있었다. 나중에 이 40시간이 늘어나 3세기 중에 6일간이 되었다. 이 6일간은 성 주간이라고 일컬었는데 엄격한 절제의 기간이었다. 성주간을 지키기 시작한 것은 4세기 중 예루살렘에서였다. 이때 성 주간 중의 날들이 다음과 같이 지정되었다.

종려주일 -예루살렘 입성
월요일 -성전 정화

(10) The place where the Roman soldiers divided Jesus' garments by lot. (Mark 15 : 24, John 19 : 23, Matthew 27 : 35)
(11) The place where Jesus was crucified on the cross. (Matt. 27 : 35)
(12) The place where Jesus died. (Matt. 27 : 50-54, Mark 15 : 37-39, Luke 23 : 46-37, John 10 : 30)
(13) The place where Jesus' body was taken down from the cross. (John 19 : 38)
(14) The place where Jesus' body was buried. (John 19 : 38)
Among these fourteen events, sta- tions number four, six, seven, and nine are not recorded in the Bible. They have been passed down as legends.

2. Origin

Lent originated in the early church.

From about 670 on, Christians had a service on the 17th day of the month of Nisan, soon after Passover, when they did not sleep at all, singing of "our lamb for Passover". That is, they sang of Jesus Christ who was risen (I Cor. 5 : 7). They called the day Pasca. It was a day in which believers thanked Jesus anew for becoming their lamb of sacrifice. As the body of Christ, Christians joined in the celebration of Holy Communion and in prayers of intercession for the congregation. Also, they thanked God for the day the world, formerly full of sin and death, by God's mercy had become a place for the people of Heaven in which there can be wholeness of love and justice. Pascha was the central holy day of the early church. It was a special day like Sunday. This period of time was the climax of excitement and delight in the faith, because at that time the church had great persecution and suffering. For Christians, having faith often meant losing their lives. We can not imagine how they dedicated themselves totally to following Christ even if it meant that they had to give up their lives. Their joy in salvation through Jesus Christ cannot be understood by us who have comfortable lives today.

In order to be baptized, they had to celebrate a favorable Pascha, for which they had two weeks for preparation. During that time they had prayer with fasting, and received spiritual training. Those who had already become Christians tried

화요일 - 감람산에서의 설교
수요일 - 유다의 동의
셋째 목요일 - 다락방의 모임
성 금요일 - 갈보리
토요일 - 무덤속의 안식

이 6일간이 1년의 365일의 십일조로서 36일간으로 늘어났다.

731년경 샤를마뉴대제 시대에 이 36일간에 나흘이 첨가되어 지금처럼 40일간의 절기가 되었다. 이 나흘은 성회 수요일에서 사순절의 첫주일까지로 이루어져 있었다.

그후 연극, 무용, 파티, 소설 읽는 것, 화려한 옷과 음식, 허영적인 행동을 금하고 교회 예배의 적극적인 참가, 개인 기도생활의 권장, 자선 사업의 협력 등을 하게 하였다.

3. 사순절을 지키는 자세

사순절 기간에 그리스인들들이 취하여야 할 생활 자세는 금식과 절식뿐만 아니라 크리소스톰 시대에는 오락을 금하고 자선할 것을 권장하였으며 죄의 고백과 회개를 권고하였다.

그 후 연극·무용·파티·소설 읽는 것, 화려한 옷과 음식, 허영적인 행동을 금하고 교회 예배의 적극적 참가, 개인 기도 생활 권장, 자선 사업의 협력 등을 하게 하였다.

(1) 그리스도의 십자가를 생각하는 계절이다.

그리스도께서 나를 위하여 십자가에 달리신 그 사랑, 그 은혜를 심령 깊은데서 체험한다는 것이다. 금식과 절제보다도 마음 깊은 곳에서 십자가의 보좌를 두어야 할 것이다. 이 근본적인 뜻을 받아들여 십자가에 대한뜻과 그 공로를 생각하여 몸을 드리고 마음을 드리고 믿음을 가다듬어야할 것이다.

(2) 나의 믿음을 살피는 계절이다.

믿음을 시험해보라는 말씀과 같이 오늘 우리의 믿음이 올바른 자리에 있는가 또 자라고 있는가를 살피며 믿음의 열매가 무엇인지 따져보는 신령한 계산을 하는 계절이다. 겸손히 십자가 앞에 엎드려 나를 살펴보는 시간이야말로 가장 좋은 은혜의 시온소며 나를 성장케하는 터전이 된다.

(3) 결단과 전도의 계절이다.

그리스도와 교회와 이웃을 위하여 또 나 스스로를 위하여 좋은 계획을 가지고 그것을 이루기 위하여 다짐하는 기회를 가져야 한다. 우리가 자신을 위하여 사는 존재가 아니다. 하나님의 영광을 위하여 사는 존재로서 새로운 결단과 인류의 죄를 위해 죽으셨으므로 십자가와 그 구속적 의미를 증거해야 한다.

(4) 주님의 고난에 참여하며 기도하는 계절이다.

주님의 십자가 고난에 우리도 동참하는 계절이다.

to pray with the ones who would be baptized.

In the middle of the third century, the most difficult time for Christianity, longing for a victory of faith, Christians prolonged the period of prayer and fasting to six weeks. They fasted day and night for 40 days, recalling Jesus' victory over Satan after praying and fasting for forty days.

This overwhelmingly effective faith training during the season of Pascha, began to change after the Roman Empire granted Christianity official approval as the state religion.

The forty-day period of Lent observed today is the result of changes over a long period of time. At first they had an Easter service at three in the afternoon that ended the forty hours following the hour of Jesus death. Later, during the third century, the forty hours was extended to six days. The six days were called Holy Week. Jerusalem observed Holy Week in the fourth century as a period of strict control. At that time, the days of Holy Week were specified as follows:

Palm Sunday-Jesus' triumphal entry into Jerusalem

Monday-Jesus' cleansing of the temple

Tuesday-The Sermon on the Mount of Olives

Wednesday-Agreement of Judas to betray Jesus

Thursday-The meeting in the Upper Room

Good Friday-Calvary

Saturday-Rest within the tomb

These six days were added to make thirty-six days, a tithe of 365 days. In 731 or thereabouts, Emperor Charlemagne the Great added four days at the beginning of the thirty-six days, including the four days beginning with Ash Wednesday. Thus, this season was first observed for forty days, as it is today.

3. ACTIVITIES AND ATTITUDES OF CHRISTIANS DURING LENT

In the early church, it was taught that during Lent, the daily life and attitude of Christians should consist not only of fasting, eating less, and not entertaining, but that it should also include doing works of charity, considering one's sins, and repenting from and confessing them. Later, Christians were prohibited from seeing plays, dancing, having parties, reading novels, eating expensive food and wearing ornate cloth-

주님의 십자가를 우리의 십자가로 생각하고 이 고난에 동참하며 신앙의 참 의의를 체험하여야 하나다. 영적 훈련을 통해 하나님과 더 가까이 동행한다. 그리스도와 더 친밀한 연합을 하여야 한다. 그러므로 우리는 사순절의 의미를 바로 알고 기도하며 순종하며 여기에 적응하는 생활태도를 가져야 한다.

4. 사순절의 예전 색깔

사순절과 성 주간을 위해 색깔에서도 변화가 있어야 할것이 제안되었다. 성 금요일을 제외한 성 주간을 통해 전통적인 사순절의 색깔은 보라색이다. 그러나 속죄일에 대한 대안적인 색깔이 검은색으로 되었는데 그것은 이 회개의 날에 그리스도인이 자신에 대해 죽어야 하기 때문이다. 주의 만찬의 시작을 축하하기 위해 셋째 목요일에 대한 대안적인 색깔로서 흰색이 제안되었다. 그러나 성 주간에 이루어질 희생을 상기시키기 위해 그 주간 동안 보라색 대신에 빨간색을 택할것이 제안되었다. 성 금요일에 대해서는 검은색 대신에 세상의 구속을 위해 성 주간 동안 사용되는 것보다 더 짙은 빨간색(피색)을 사용할 수도 있다고 제안되고 있다.

보라색(Purple)-보라색은 위엄(Dignity)을 뜻한다. 엄숙성을 암시하면서 청결과 영적 씻음을 암시한다. 죄로 인해 죽을 수 밖에 없는 인간들에게 회개할 수 있는 기회를 부여해 줌을 의미한다.

ing during Lent. Instead, they were encouraged to attend church services, to pray privately, and to cooperate with others in performing charitable deeds. Today, there are four areas of emphasis for Christians observing the Lenten Season:

(1) It is a season for remembering Jesus' cross

And meditating on the love which He exhibited when He died on the cross for each Christian. More important than fasting and abstinence, in our inmost hearts we should deeply experience Jesus' grace, accepting and remembering the meaning of the cross and His suffering for us. In response to that we must give our mind and body to Him for His service.

(2) It is a season for examining our faith.

The Bible teaches that we should "examine your faith". I need to look into the state of my faith. Is my faith truly in Jesus Christ? Is my faith continuing to grow? What is the fruit of my faith? In order to look into myself in this way, I must humbly fall on my knees before the cross. As I do, God's grace will make it possible for my faith to grow.

(3) It is a season for making plans and witnessing to others.

Since we do not exist just for ourselves, we should make good plans which will allow us to live for Christ, our church, and our neighbors, as well as ourselves. If we are living for God's glory, we will witness to the meaning of salvation and the cross on which Jesus died for our sins, in word and deed.

(4) It is a season for joining in Jesus' suffering and for praying.

This season speaks of the suffering of Jesus. We will meditate on Jesus' cross, making an effort to experience His suffering ourselves. We will think of Jesus' cross as our own, experiencing our faith in a significant way. Through this kind of spiritual training, we will keep close company with Christ, feeling a unity with Him. In order to truly know the meaning of Lent, we must pray to understand it, then obey what we know, adjusting our life attitudes accordingly.

4. The Liturgical Colors of Lent :

The traditional color for Lent and Holy Week,

except Good Friday, was purple. Purple symbolizes dignity, and implies strictness, purification and cleansing of the spirit. It also suggests an opportunity for repentance and confession by Christians who, without Christ's death, would be faced with eternal death because of their sins.

However new colors were suggested as follows: Black should be used for Atonement Day, because it signifies mourning, on a day when Christians die unto themselves. White was to be used for the third Thursday, to celebrate the Lord's Last Supper. In order to remind people of the sacrifice made during Holy Week, red is to be used instead of purple. For Good Friday, instead of black, to symbolize the salvation of the world, it was suggested that a darker red than the red used during the rest of Holy Week be used.

VI. 부활절(Easter)

부활절은 큰 날이요, 기독교 절기 중에도 가장 중요한 축제일이다. 부활절은 그리스도인의 삶을 다시 살리게하는 믿음의 역사이고, 하나님의 지상 행동에 근거한 중요한 사건이다. 이 절기는 '봄의 첫날인 3월 21일' 또는 그 이후의 '만월 후의 첫 주일'로 정하여 지키고 기쁨, 생명, 소망, 승리를 정신으로 삼는다.

1. 부활절의 명칭

그리스어로는 '파스카(Pascha)'라고 한다. 교회력에서 가장 오래된 축하일인 것이다. 그리스어나 프랑스어의 호칭은 히브리어(Hebrew) 유월절인 '페샤(Pesah)'에 기초하고 있다. 죽음과 부활은 하나님의 백성들에게 새로운 유월절 즉 죽음의 노예상태로부터의 해방을 이루었다는 뜻을 부여했다. 영어의 '이스터(Easter)'와 독일어의 '오스테른(Ostern)'은 튜톤족의 봄의 여신인 'Eostre'에서 파생된 것 같다. '이스터'가 일반적인 명칭이 되기 전에 이날은 '주님의 부활절' 및 '부활의 유월절'이라고 알려져 있었다.

2. 부활의 역사성

부활은 교회력에서 다른 축일의 근원이 된다. 그 주간의 첫날에 예수가 죽은 자 중에서 다시 살아나셨기 때문에 이것은 기독교의 사실과 헌신의 절정이다.

부활이 매 주간의 첫날에 지켜졌기 때문에 예배일이 토요일에서 주일로 바뀌었다. 서방에서는 부활절이 교회력의 시작이 된다. 고대 교회는 다음 주일까지 매일 부활절을 축하했다. 부활절에 세례받는 사람들은 그 예배에 모두 참석해야 했다. 그들이 흰 세례복을 입었기 때문에 부활 후 첫째 주일을 '백의(白衣)주일(White sunday)'이라고 일컬어져 왔다. 원래 부활에서 오순절까지 한 절기였지만 나중에 부활절, 승천절, 오순절로 나뉘어졌다. 1970년 부활절을 부활절에서 오순절까지의 50일간의 절기로 만들었고 승천일은 부활절 축하의 한 부분으로 간주했다. 그 결과 부활절 후의 주일이라는 말대신 '부활절 주일(Easter sunday)'이라는 말을 사용하게 되었다.

그리스도인들에게 부활이 항상 축일 중의 축일이다. 이보다 더 중요한 사건이 없기 때문이다. 부활절의 중요성은 그것에 앞선 40일간의 사순절 준비 기간에 있다는 사실에서 알 수 있다. 또한 부활절도 50일간의 절기로서 지켜지며 교회력 전체가 부활절 주위를 전회하고 있다. 다른 절기가 바뀌어지는 것은 부활절 날짜에 따라 정해지고 있다.

3. 부활절의 현대적 의미

그리스도의 부활은 우리 생명의 보증이니 곧 믿

VI. EASTER

Easter is a great day in the Christian calendar, and the most important festival among the Christian seasons. Historically, it celebrates the belief of Christians in life after physical death, and of God's activity on the earth. This season is calculated from March 21st, which is the first day of spring, and is celebrated on the first Sunday after the first full moon after March 21. Easter signifies life, hope and victory.

1. Origin of the name of Easter.

(oldest celebration day of the church calendar):
In Greek the word is "pascha". In both the Greek and French, the name is based on "pesah" which means "passover". in Hebrew. Jesus' death and resurrection gave new meaning to "Passover", in which the people of God celebrated their being freed from slavery and death in Egypt. Easter in English and "Ostern" in German can be traced from "Eostre", the goddess of spring believed in by the Teutonic people. Before "Easter" became the accepted name, it was called "the Day of Christ's Resurrection" or "the Passover of the Resurrection".

2. The Historical Resurrection

The celebration of the resurrection of Christ became the basis for the setting of other celebration days in the church calendar. On that "first day of the week" Jesus rose from among the dead, and this climax to His life and death became the focal point of the Christian faith. Because the resurrection occurred on the first day of the week, the day for observing the Sabbath with worship services was changed from Saturday to Sunday.

In western countries, Easter is the beginning of the church calendar. The early church celebrated Easter every day the next week until the next Sunday. Those receiving baptism were baptized on Easter and had to attend all of the services for that week. Because they wore white baptismal clothes, the following Sunday was called "White Sunday".

Originally, from Easter until Pentecost was considered one season, but later it was divided into the seasons of Easter, Ascension, and Pentecost. In 1970, the season of Easter was

는 자의 첫 열매이다. 살아 계신 주님을 체험해야 한다. 부활하신 주님을 만나 생명의 길로 가야 한다. 엠마오로 가는 길에서 예수님을 만나 새로운 삶의 길을 간 제자들처럼 우리의 삶이 변화되어야한다.

4. 부활절의 분위기

부활에는 흰색이 사용된다. 흰색은 순결과 완전한 승리, 기쁨 그리고 소망을 상징한다. 그리스도를 믿는 자는 죽음의 권세에서 해방되었기 때문에 승리의 기쁨을 갖게 된다. 아울러 영원한 생명이 주어졌기 때문에 절망을 이기고 소망가운데 살 수 있게 된다. 그러나 흰색 외에도 교회력에서 가장 위대한 날이라는 사실을 강조하기 위해 황금색을 사용할 수도 있다.

fixed as the 50 days after Easter until Pentecost; Ascension was considered as a part of the celebration of Easter. The result of this is that instead of speaking of the "Sunday after Easter" we speak of "Easter Sunday".

For Christians, Easter is always the day of highest celebration. We don't have a more important day than Easter. The importance of Easter is seen in the fact that we have preparation for it for forty days, the period of Lent. Too, the season of Easter is observed for fifty days, and all of the other seasons of the church calendar are set according to the date of Easter.

3. The meaning of Easter today:

The resurrection of Jesus is the guarantee of the believer's eternal life, He being the first fruit.

The Christian who meets the resurrected Christ must walk in His way. Just as the disciples who met Jesus on the road to Emmaus walked on a new road of life, our lives too must be changed.

4. The Atmosphere of Easter:

During the season of Easter, the color white is used. White symbolizes purification, a complete victory, joy and hope. Because the people who believe in Jesus Christ are freed from the power of death, they have the joy of victory. Moreover, because Jesus' followers are granted eternal life, they can live in hope, overcoming despair.

In addition to white, the color gold can also be used in order to emphasize the fact that this is the most important day in the church calendar.

VII. 성령강림절(Pentecost)

1. 성령강림절의 명칭

이스라엘의 4번재 절기로 '칠칠절', '맥추의 초실절'이라고 부르기도 한다.

헬라 원어로는 '펜타크스테(Pentecost)'인데 이 말의 뜻은 '50일째'라는 뜻이다. 초실절에서 7주가 지난 후이기 때문에 '칠칠절'이라고도 부른다. 이스라엘 백성들은 이날 밀과 보리의 첫 추수를 하나님께 드렸다. 그래서 맥추절(출23 : 16)이라고도 하였다.

이스라엘 백성들은 유월절에서 50일째 되는 날, 모세가 시내산에서 십계명을 받은 것을 기념했는데, 신약시대에 와서는 이 날에 성령이 강림하시었다.(행2) 예수님이 무덤에서 부활하신 후 40일을 지상에 계시다가 하늘나라로 승천하신 후 10일만에 성령이 임하시었다. 그러므로 신약시대에 와서는 맥추절, 곧 오순절은 '성령강림절'에 해당된다. 영어권에서 성령강림절은 '흰(白色)주일 (Whitsunday)', 'White Sunday'의 축약형으로 널리 알려져있는데 이는 세례에 참여하는 사람 자신이 성령에 의해 깨끗해졌다는 것을 나타내기 위해 이 날 흰옷을 입었기 때문이다.

성령강림절은 성령이 사도들에게 임한 것을 기념하는 날이며, 그리스도의 구속 역사의 완성과 성령을 보내 주겠다는 약속의 성취를 표시하는 축일이다. 성령강림절은 27주일이나 계속되는 교회력에서 가장 긴 절기가 되고 있다. 교회력의 전반부가 그리스도의 삶을 지키는 것이라면 후반부는 성령의 역사와 은사 및 열매를 통한 교회의 삶과 관련되어 있다. 따라서 성령강림절에 우리 성도들은 우리 안에 임하신 능력에 힘입어 진리를 깨닫고 그리스도의 기쁜 소식을 전하며 구제와 봉사에 힘써야 할것이다. 이렇게 될 때 우리의 신앙생활은 활력을 나타낼 수 있을 것이다.

2. 성령강림절의 신약적인 의미

앞에서 살펴 본대로 예수님께서 제자들에게 약속하신 성령은 유월절 만찬을 나눈지 50일만에 강림하셨다. 성자 예수님께서 인류를 구속하기 위해 세상에 오셨다면 성령께서는 성자 예수님의 뒤를 이어 우리와 항상 함께 하시기 위해 임하셨다. 오순절에 성령 받은 이들은 변화되었다. 그들은 '그리스도의 현존'(Christus presence)에 근거해서 용기를 가졌고 복음을 선포하게 되었다. 더 나아가 그들은 서로 사랑하는 능력을 지니게 되었다.

따라서 오순절에 우리 성도들은 우리 안에 임재하신 성령의 능력에 힘입어 진리를 깨닫고 그리스도의 기쁜 소식을 전하며 구제와 봉사에 힘써야 할 것이다. 이렇게 될 때 우리의 신앙생활은 활력을 찾을 것이며 또한 그리스도의 교회는 외적인 영향력을 나타낼 수 있을 것이다.

VII. PENTECOST

1. The meaning of the name, Pentecost.

The fourth festival in Israel's calendar was celebrated on the fiftieth day (seven weeks) after the second day of the Passover. On that day, the Israelites offered the first fruits of their barley and wheat harvests to God, therefore it was called the Day of Harvest (Exodus 23 : 16). Also, the Israelites celebrated Moses' receiving of the Ten Commandments on Mount Sinai, 50 days after the Passover.

In the New Testament, the Greek word, "pentekoste", meaning the fiftieth day, was used for the Jewish celebration of "the day of harvest." The Holy Spirit came to believers on the day of Pentecost which occurred ten days after Jesus' ascension, following His being on earth 40 days after His resurrection. This is called "the day of the descending of the Holy Spirit." In some English–speaking countries, the day of the descending of the Holy Spirit is known as "Whitsunday"(shortened form of White Sunday) because persons being baptized wear white garments to show that they are cleansed by the Holy Spirit.

Pentecost is the day which celebrates the Holy Spirit's coming upon the disciples, the fulfillment of Jesus promise to send the Holy Spirit, the completion of Christ's salvation. Continuing for 27 weeks, Pentecost is the longest season of the church year, and concludes the first part of the church calendar which observes various events in the life of Christ. The second part of the church calendar deals with the life of the church through the work of the Holy Spirit, talents and Fruit of the Spirit.

2. The meaning of Pentecost in the New Testament

As we have seen above, the Holy Spirit whom Jesus promised descended fifty days after the Last Supper. The Son, Jesus, came to the world to save human beings, while the Holy Spirit came to the world just after Jesus ascended to Heaven, to be with us always. The disciples who received the Holy Spirit at the time of Pentecost were changed. They were encouraged by "Christus praesens", and preached the Gospel in

3. 성령강림절의 상징과 분위기

(1) 성령강림절의 상징
성령강림절의 색깔은 붉은색이다. 이것은 불의 색깔인데 성령이 불의 혀처럼 임했기 때문이다. 성령강림절 후의 주일의 색깔은 녹색 즉 성장의 색이다. 이 절기 동안 그리스도인들은 성령 안에서 자라야 하는 것이다. 또한 비둘기가 성령의 상징으로서 성령강림절과 관련된다. '7'이라는 숫자도 성령강림절과 동일시되는데 그것은 성령이 일곱가지 은사를 주시기 때문이다.

(2) 성령강림절의 분위기
① 축하－성령강림절의 분위기는 기쁨이다. 그것은 성령을 보내주시겠다는 예수의 약속이 성취되었고 사람들은 은사를 선물로 받았기 때문이다.

② 감사－교회가 성령의 산물이기 때문에 그리스도인들은 성령강림절에 자기의 신앙의 모체로 교회에 감사한다.

③ 소망－소망은 성령께서 만물을 새롭게 만드신 결과이다. 성령과 더불어 새 생명과 소망이 온다.

power. Moreover, they were given the ability to love each other.

Therefore, in the season of Pentecost, we Christians recognize the truth of the power of the Holy Spirit within our hearts, witness to the good news of Jesus Christ, and then try to do good works for other people. Through this, our faith acquires vitality, which can be displayed to the world.

3. The colors and symbols and atmosphere of Pentecost

(1) The Symbol of Pentecost
The color of Pentecost is red, symbolizing the red of the tongues of fire. The color of the Sunday after Pentecost is green, to symbolize the growth of Christians during this period. A dove, as the symbol of the Holy Spirit, is related to Pentecost. "Seven" is identified with Pentecost, because of the seven "gifts of the Holy Spirit".

(2) The Atmosphere of Pantecost
The atmosphere of Pentecost should include the following:

① Celebration. The atmosphere of Pentecost is joyful because the promise that the Holy Spirit will be sent has been fulfilled, and in addition the people have received talents as gifts from God.

② Thankfulness. As the church is the product of the Holy Spirit, Christians give thanks for its beginning.

③ Hope. Hope results from the Holy Spirit's having made all things new. New life and hope come with the Holy Spirit.

VIII. 추수감사절

1. 추수감사절의 유래

(1) 주후 1609년 영국 제임스왕이 국교회(國敎會, 카톨릭)을 반대하는 종교 개혁자들을 잔인하게 박해하자 청교도들은 신앙의 자유를 찾아 네델란드의 암스텔담과 라이덴으로 도피하여 12년간 망명생활을 하였으나 만족할만한 신앙의 자유를 누리지 못하여 화란을 떠나 미국을 향해 브류스타의 도를 따라 주후 1622년 11월 11일 120명(남자 78명, 여자 24명)이 메이플라워(May Flower)라는 배를 타고 파도와 굶주림과 싸우며 대서양 3400마일을 63일 만에 횡단하여 미국의 북쪽 매서츠세츠주 푸리머리 항구에 상륙하는데 성공하므로 오늘의 미국을 건설한 개척자(Pilgrim)들이 되었다.

(2) 미국에 도착한 청교도은 그들의 신앙의 열정대로 열성적인 청교도 교회인 회중교회를 세우므로 생명과 바꾼 그들의 소원을 성취할 수 있었다. 그러나 북미의 겨울은 몹시 추워 첫 겨울을 지내는 동안 추위와 굶주림, 질병으로 노인과 어린이 53명이 죽고 49명만 살아남았다.

(3) 봄이 되었을때 인디언 추장 사모세트가 씨앗을 주고 농사법을 가르쳐주어 황무지를 개간하여 씨앗을 뿌리고 가축을 기르기 시작하였다. 그들은 곡식이 익을때까지 곡식과 빵을구경도 못한 채 풀, 나물열매, 해초, 들사슴만으로 연명하며 생활하였다. 그때 심한 가뭄까지 겹쳐 청교도들은 비오기를 위해 '기도의 날'을 정하고 풀마져 단식한 채 회개하며 합심하여 기도하였다. 청교도들의 그 기도가 심한 가뭄 가운데 비로 응답한 엘리야의 기도가 되어(왕상 18 : 42-46) 단비의 은혜로 해갈되었다.
이때 다른 지역 인디안 추장 호보목은 청교도인들의 신앙 모습을 목격하고 영국인의 하나님이 참 신인 것을 알게 되었다.

(4) 첫 추수를 하나님게 드림
개척자들의 첫 추수는 비록 채소와 곡식 뿐이었으나 추위와 가뭄, 굶주림과 질병과 맹수의 사선을 넘는 귀한 열매이기 때문에 감사와 환희로 가득찼다.
첫 추수한 햇 곡식과 채소를 하나님께 드리고 인디언들을 초청하여 함께 즐거워하였다. 인디언들은 초청받았을 때 칠면조 구운 요리와 호박 파이를 가지고 왔기 때문에 그 유래로 칠면조 구운 요리와 호박 파이는 미국 감사절 요리가 되었다.

2. 미국의 추수감사절 역사

주후 1622년 청교도들의 첫 추수를 감사한 것이 추수감사절의 시작이 되었다. 주후 1789년 초대 대통령

VIII. THANKSGIVING DAY

1. Origin of Thanksgiving day :

(1) In 1609 the British King James severely persecuted the Puritans who opposed Catholicism, and as a result the Puritans escaped to Amsterdam and Leyden in the Netherlands in order to enjoy religious freedom for twelve years. But, not acquiring freedom, 102 persons (78 men and 24 women) sailed for America on November 11, 1622, on the ship Mayflower. They travelled over rough seas, facing starvation, for 3400 miles for 63 days, arriving at Plymouth in Massachusetts, North America, to become the Pilgrim pioneers of America.

(2) The Puritans who arrived in America organized an enthusiastic Congregational Church, thus accomplishing their long-cherished hope which had been bartered with their lives. But in North America, it was very cold in winter, and during the first winter, 53 of the aged and young died as a result of the severe cold and lack of food. Only 49 persons survived.

(3) In the spring, an Indian Chief gave the pilgrms seed and taught them how to farm. They cleared the land, planted seeds, and raised fowl. Until they gathered the first crop, they barely managed to live on plants, wild fruits, sea weed, and wild animals. In those days, when drought continued for a long time, the Puritans decided to have a day of prayer and total fasting for rain. Their prayer was answered, just like the prayer of Elijah for rain after a long drought (I Kings 18 : 44-45, James 5 : 17-18). Then an Indian chief from another area noticed the Puritan's faith, and knew that the God of the British was the real God.

(4) The first harvest, even though only vegetables and grain, was received with gratitude and delight after the year of severe cold, drought, starvation, disease, and attacks by wild beasts. So the Pilgrims dedicated their new crop and vegetables to God. Attributing their success to both God and the Indians, they invited the Indians to their joyful feast. The Indians brought turkey and pumpkin with them when they came, and this became the origin of the American

이 미국의 정식 추수 감사절을 11월 26일로 선언하고 절기로 지켜왔으나 3대 대통령 제퍼슨이 왕정시대의 한가지 관습이라는 이유로 중지시켜 연례적인 절기가 15대 대통령까지 중단되었다.

구후 16대 링컨 대통령대 미국의 첫 여류 다이고 잡지 편집인인 보스톤의 미망인 사라 헤일 여사가 주후 1840년부터 20년간 추수감사절을 연례적인 행사로 지킬것에 대한 캠페인을 벌이면서 링컨 대통령에게 미국의 경축일로 정할 것을 촉구하는 서신을 보내 주후 1864년 11월 마지막 목요일을 추수감사절로 선포하고 드디어 국경일로 정하여 국가의 행사가 되었다. 주후 1941년 루즈벨트 대통령과 미국 국회는 11월 마지막 목요일이 네번 있을 때와 다섯번 있을때가 있어서 네 번째 목요일로 정하여 선포하고 오늘에 이르렀다.

3. 한국의 추수감사절 역사

주후 1884년 알렌 선교사가 한국 선교를 시작한지 20년 후인 1904년 제4회 대한예수교 장로회 공의회에서 서경조 장로가 추수감사절을 지킬것을 제안하여 11월 10일로 정하여 지키기 시작하였다. 주후 1914년 각 교파 선교부가 합의하기를 미국 선교사가 처음 한국에 입국한 날은 기념하는 의미로 11월 세째 주일이 지난 수요일로 정하였다.

주후 1921년 평양에서 제10회 총회에서 선교사 입국일을 감사절로 지키는 예는 세계 기독교 역사에 없는 일이라하여 수요일이 아닌 11월 세째 주일로 결정하여 오늘에 이른다.

4. 여러나라의 추수감사절

(1) 이스라엘

가정집 근처 집앞, 지붕, 빈 광장에 초막(쑤코)을 짓고 7일간 온 가족이 초막에 살면서 초막절을 지킨다. 남자 성인은 예루살렘 성전에 가서 초막절 7일 동안 성회에 참가한다. 또 타국에 흩어져 사는 사람들은 이 절기에 추수감사 예물을 가지고 예루살렘으로 돌아와 순례하는 풍습이 있다.

쑤코(Sukot 장막)
① 쑤코(히브리어)의 뜻
• 장막, 초막, 오두막
• 스케노 페기아(Skeno Pegia) 헬라어의 장막
② 쑤코 만드는(짓는)법
• 세방향의 바람을 막는다.
• 지붕은 나뭇가지 즉, 과일 달린 가지.
  나뭇잎, 풀잎으로 성글게 엮어서 밤하늘의 별이 보이도록하여 하나님을 향할 수 있게 한다.
• 네 기둥의 높이는 150cm이사
③ 쑤코 장식법
  세 벽쪽에 햇 과일과 그릇에 담은 햇 곡식으로 장식한다.

Thanksgiving Day when turkey and pumpkin pie are eaten.

2. The History of Thanksgiving Day in America

The Puritan's dedication of their first harvest to God in 1622 was the beginning of the Thanksgiving Day tradition in America. In 1789, the first president of the United States declared that November 26 would be kept as a feast season, American Thanksgiving Day. But the third president, Jefferson, forbade it, because it had been a custom of the monarchial period. Thus the annual event was stopped until, during the presidency of Lincoln (America's 16th president), the country's first woman reporter and editor of Godeys Lady's Book, Sarah Josepha Hale, a widow of Boston, started a twenty-year long campaign, from 1840, for the observance of Thanksgiving Day as an annual event. She sent a letter calling upon President Lincoln to declare it a national holiday. As a result, he ordered the observance of the last Thursday of November as Thanksgiving Day, with the first observance in 1864. In 1941, President F.D. Roosevelt and the American Congress fixed Thanksgiving as the fourth Thursday of November to avoid the confusion arising when there were five Thursdays in the month. The date so selected has been continued until now.

3 The History of Thanksgiving Day in Korea

In 1904, (twenty years after the American medical missionary founder of Severance Hospital, Dr. Horace Allen, began to do missionary work in Korea), at the Fourth Korean Presbyterian Meeting, Elder Suh Kyung-jo proposed the observation of Thanksgiving Day, beginning on November 10, 1904. In 1914, missionaries of each denomination gathered and came to an agreement that commemorating the day American missionaries first landed in Korea should be kept as Thanksgiving day, on Wednesday after the third week of November. In 1921, at the Tenth General Assembly Meeting in Pyungyang, it was decided to observe the third Sunday of November as Thanksgiving, rather than on the Wednesday after the third week of

④ 쑤코 만드는 나무의 종류
- 종려나무가지
- 버드나무가지
- 도금양나무가지
- 시트런나무(귤종류)가지

(2) 미국과 캐나다

해마다 특별한 절기로 가정 중심이 되어 크게 지킨다. 법정 공휴일이어서 헤어졌던 가족이 한자리에 모여 오전에는 가족이 함께 교회에 나가 예배를 드리고 칠면조 구운 요리와 잘익은 호박파이로 저녁을 차려 먹으며 한 해의 생활과 건강과 추수를 감사드린다.

(3) 유럽의 여러나라

교회에 나가 예배드리며 감사한다. 교회의 장식은 상수리나무 잎과 사고, 배, 푸른 야채로 장식한다.

(4) 천주교 국가들

교회에 봉헌된 햇 곡식과 과일, 채소들을 제단에 펼쳐 성전을 장식한다. 성 암브로시우스의 감사찬미(Tedum)로 찬양하며 미사를 드린다.

예배를 마치면 사제는 이날을 교회축제일로 선포하여 온 마을은 축제분위기가 된다.

5. 추수감사절의 목적

(1) 하나님의 은혜를 감사하는 절기이다. (시편 116:12, 누가복음 17:16~19, 고린도후서 9:8~15)

(2) 감사의 예물 하나님에게 드리되 일년중 가장 많은 예물을 드리는 절기이다. (신명기 16:17, 고린도후서 9:6~8, 시편 96:8, 45:12, 민수기 29:12~38)

(3) 가난한 이웃과 함께 즐거워하는 절기이다. (신명기 16:14~15)

6. 바람직한 감사

(1) 감사의 원어(EU Kalist 헬라어)의 뜻은?

유는 좋은 행복한 뜻이고 카리스트란 즐겁다는 뜻으로 우리는 감사할 때 좋은 일과 즐거운 일이 있게된다는 뜻이다.

(2) 바람직한 감사란?

① 정성된 마음으로 감사해야 한다.(누가복음 17:16~19)

② 예물을 드려 감사해야 한다. (시편 96:8, 45:12)

③ 보답하는 생활로 감사해야 한다.(시편 116:12, 103:2, 누가복음 17:16~19)

ㄱ. 가난한 자 지극히 작은 자에게 사랑의 손길을 펴는 일이 참된 경건이다. (신명기 16:14, 이사야 1:17, 2 23, 마태복음 10:42, 25:40, 34, 야고보서 1:27, 스가랴 7:10, 예레미야 5:28, 잠언 11:25)

ㄴ. 배은망덕하지 않음이 보답이다.(로마서 1:21, 마태26 :21~26, 27:3, 창세기 40:23, 누가복음 17:15~16)

November. The reason given for the change was that nowhere was there precedent for observing Thanksgiving in commemoration of the arrival of missionaries.

4. Thanksgiving Day in Other Countries

(1) Israel.

In Israel, the Feast of Booths was observed at the end of harvest by building, under the roof in front of their houses, booths covered with tree branches, and then living for seven days in the booths. Males twelve years and older went to Jerusalem to the temple to observe the Feast of Booths. Jews living in other countries made pilgrimages to Jerusalem for the celebration of the Feast of Booths, taking thanksgiving presents.

① The word "sukot" which we have translated as "booth" also carries the meaning of a tent, a straw-thatched cottage, or hut.

② Directions for building the booth stipulate that there be walls on three sides to block the wind, that the roof be decorated with branches with fruit and leaves, and grass, placed so that from inside one could see the stars at night, and look up to God. The height of the four poles is to be over 150cm.

③ The three walls of the booth are to be decorated with new fruits and new crops in bowls.

④ The following were among the trees to be used: palm, willow, and citron.

(2) North America (United States and Canada)

In these countries, Thanksgiving is regarded as a special family-centered feast day. Since it is a national holiday, separated families gather together, go to church in the morning, and traditionally have roasted turkey and pumpkin pie for dinner. They give thanks to God for life, health, and the year's harvest.

(3) Countries in Europe

People in these countries go to church, where they worship and thank God. They decorate their churches with the leaves of the oak tree, as well as with apples, pears, and green vegetables.

(4) Catholicized Countries

In these countries, Christians decorate their

(3)감사하는 마음의 3종류
① 인색한 감사(강제 억지로) grudge giving(고후 9:7)
② 의무감의 감사(daty giving)
③ 정성된 감사(thanks giving) (시편 116:12, 누가 17:16~19)

(4)감사의 내용
① 죄와 사망(지옥~계시록 20:21:8)에서 구원하여 영생을 얻게하여주신 은혜(로마서 8:2, 6:6, 요한복음 3:16, 5:24, 6:68, 요한일서 5:11)
② 생명과 건강을 주셔서 평화로운 삶을 살게 하여 주신 은혜(요한 10:10, 신명기 10:13, 33:29, 28:1~6, 11:14, 미가 4:3~4, 에베소서 6:3, 잠언 3:1~10, 16~17)
③ 풍성한 추수로 윤택하게 하여주신 은혜(신명기 12:1, 요한삼서 1:2, 예레미야 17:7~8, 5:28, 잠언 11:25)

church sanctuaries with new crops of fruit, grain and vegetables which have been dedicated to God. They say mass and praise God using the Te Deum of St. Ambrose. After the mass, the priest proclaims the day as a church feast day, and the village is filled with a festive mood.

5. Purpose of Thanksgiving Day.

1. It is the season to thank God for the gifts which He gave us (Psalm 116 : 12; Luke 17 : 16−19; 2 Corinthians 9 : 8−15).
2. It is the season to give the year's largest Thaksgiving offerings to God. (Deuteronomy 16 : 17; 2 Corinthians 9 : 6−8; Psalm 96 : 8, 45 : 12; Numbers 29 : 12−38).
3. It is the time to share our joy and plenty with poor neighbors (Deuteronomy 16 : 14−15).

6. Things Desired from Observance of Thanksgiving Day

The original Greek word used for Thanksgiving is "Ev Kalist" "Ev" means good and happy, and "kalist" means pleasure. Therefore, we may surmise that there will be good and happy results if we give thanks to God.

A desirable thanksgiving has the following elements:
(1) Thanks given to God with whole−hearted sincerity (Luke 17 : 16−19).
(2) Thanksgiving offerings presented to God (Psalm 96 : 8, 45 : 12)
(3) Thankfulness shown by sharing of blessings received (Palm 116 : 12, 103 : 2, Luke 17 : 16−19)
 a. It is true piety to give a helping hand to the poor and weak (Deut. 16 : 14; Isaiah 1 : 17, 23; Matt. 10 : 42; 25 : 34, 40)
 b. Gratitude has its rewards (Romans 1 : 21; Matt. 26 : 21−26; 27 : 3; Genesis 40 : 23; Luke 17 : 15−16)
 We may choose from among three attitudes of Thanksgiving:
 a. grudge giving (2 Cor. 9 : 7)
 b. duty giving
 c. thanks giving (Ps. 116 : 12, Luke 17 : 16−19)
(4) The object of our thanksgiving is to be:
 a. the grace of God which saves us from sin and death and gives us eternal life (Rom. 8 :

2, 6 : 6; John 3 : 16, 5 : 24, 6 : 68 1 John 5 : 11)

b. the grace of God which gives us life and health and peace John 10 : 10; Deuteronomy 10 : 13, 33 :29, 28 : 1−6, 11 : 14, Micah 4 : 3−4; Ephesians 6 : 3, Proverbs 3 : 1−10. 16−17)

c. the grace of God which blesses us with rich harvests (Deut. 12 : 1; 3 John 1 : 2; Jeremiah 17 bs 11 : 25)

52주 메세지와 작품의도

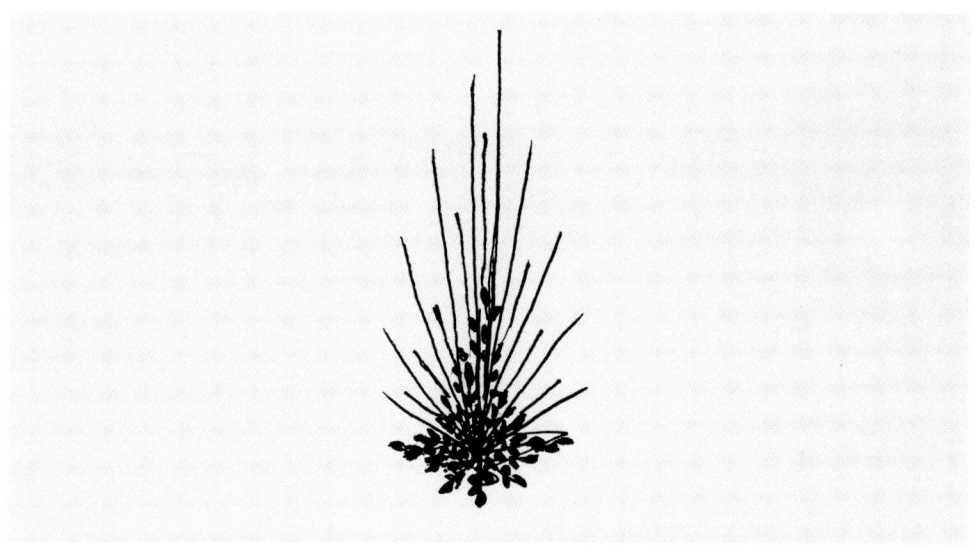

12월 첫째주 : 대림절 첫째주일

- **주제** : 소망 가운데 준비하라
- **말씀** : 사 11 : 1~10
  마 3 : 1~12
  롬 15 : 4~13
  시 72 : 1~18
- **회개하라. 천국이 가까왔느니라.**
  소망의 하나님이 모든 기쁨과 평강을 믿음
  안에서 너희에게 충만케 하사 성령의 능력으로
  소망이 넘치게 하시기를 원하노라.
- **소재** : 스치로폴 수수깡 2~3단/용담초 5단
- **꽃말** :
- **의도** : 세상의 유혹과 핍박이 있을지라도
  소망이신 주예수 그리스도를 경건한
  마음으로 준비하고 기다릴 때 우리는
  예수님을 맞이할 수 있다.
- **순서** : 1. 스치로폴수수깡으로 부채 모양같이
  윗쪽을 퍼지게 꽂는다.
  2. 수수깡을 받쳐주는것 같이 용담초를
  중앙에 모아 사방으로 안정감있게
  꽂는다.

The First Week of December : Advent Sunday

- **Theme** : Preparation in the Midst of Hope
- **Scripture** : Isa 11 : 1~10
  Mt 3 : 1~12
  Ro 15 : 4~13
  Ps 72 : 1~18
- and saying, "Repent, for the kingdom of haven is near."
  May the God of hope fill you with all joy and peace as you trust in him, so that you may over-flow with hope by the power of the Holy Spirit.
- **Materials** : Indian millet /Poaming
- **Meaning** : Despite world's temptation and persecution, we can welcome Jesus Christ, the Lord of hope, if we wait with reverence.
- **Directions** :
  1. Insert Poaming like a fan, spreading out to the left.
  2. Collect Indian millet in the center and insert them with a sense of security in all directions as if they were supporting the Poamings.

238

12월 둘째주 : 대림절 두째주일

● **주제** : 메시야가 가까왔다.
● **말씀** : 사 35 : 1~10
　　　　　마 11 : 2~11
　　　　　약 5 : 7~10
　　　　　시 146 : 5~10
● 그러므로 형제들아, 주의 강림하시기까지 길이 참으라. 보라 농부가 땅에서 나는 귀한 열매를 바라고 길이 참아 이른 비와 늦은 비를 기다리나니.
● **소재** : 아이리스 보라 3단/후리지어 2단/
　　　　　소철·중 5잎/소 5잎
● **꽃말** : • 소철 : 강정　• 아이리스 : 소식
　　　　　• 후리지어 : 청향
● **의도** : 주의 강림하시기까지 길이 참으라고 하신 하나님의 말씀을 따르는 데는 강한 믿음이 지속되어야 할 것이다. 언제나 푸르며 강하게 뻗친 소철로 우리의 믿음을 표현하고 주님을 사랑하고 주님과 함께 하는 아름다운 미래를 아이리스와 후리지어로 표현했다.
● **순서** : 1. 소철의 곡선을 실려 마주보게 꽂고 옆선과 앞면을 안정감 있게 꽂는다.
　　　　2. 중앙에 아이리스를 모아 꽂고 아이리스가 돋보이도록 후리지어를 짧게 사이사이 꽂는다.

The Second Week of December: Second Sunday of Advent

● **Theme** : The Messiah is Coming Nearer
● **Scripture** : Isa 35 : 1~10
　　　　　　　Mt 11 : 2~11
　　　　　　　Jas 5 : 7~10
　　　　　　　Ps 146 : 5~10
● Be patient, then, brothers, until the Lord's coming. See how the farmer waits for the land to yield its valuable crop and how patient he is for the autuman and spring rains.
● **Materials** : Iris / Freesia / Cycad
● **Flower Language** :
　· Cycad : Strong power
　· Iris : Message
　· Freesia : Everlasting fragrance
● **Meaning** : It's written in the Scriptures that we should wait patiently for the Second Coming of Jesus for a long time. To do this, we must endure with a strong faith. The Cycad which is always green and has a strong, extended branches symbolize our faith. Both Iris and Freesia represent the future; a beautiful future of loving the Lord and always being with Him.
● **Directions** :
　1. Give life to the flowing lines of Cycad and insert them facing towards each other. Add Cast-iron plant in front with a sense of security.
　2. Collect Iris in the center and insert them. Emphasize Iris by adding short stems of Freesias between them.

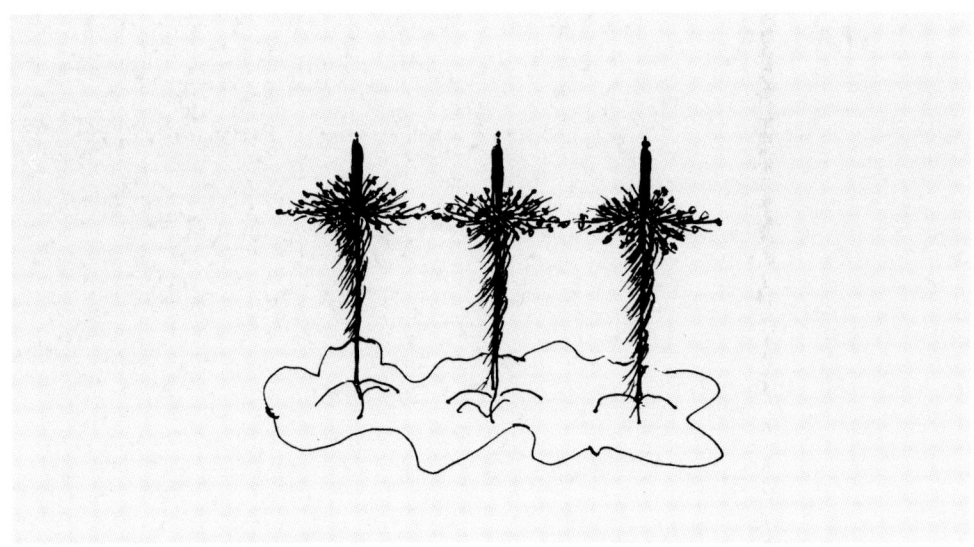

12월 셋째주 : 대림절 세째주일

- ●주제 : 구속받은자의 기쁨
- ●말씀 : 사 61 : 1~4
  살전 5 : 16~24
  요 1 : 8~9, 16~24
- ●항상 기뻐하라 쉬지 말고 기도하라
  범사에 감사하라 이는 그리스도 예수 안에서
  너희를 향하신 하나님의 뜻이니라.
- ●소재 : 오부제 3개/초(보라색) 3개/
  라그라스(보라착색) 6단/게리 중 3단
- ●의도 : 초를 사용하여 주님이 이땅에 오심을
  표현했다. 주님이 오시므로 우리
  인간에게 빛이 되셨다. 초는 자기 자신을
  태워 어두움에 빛을 준다.
- ●순서 : 1. 오부제를 30cm 정도 간격을 두고
  세운다.
  2. 오부제 중앙에 초를 꽂고 보라
  라그라스로 초 둘레에 꽂는다.
  3. 오부제 밑에 보라 반짝이 망사로
  볼륨있게 늘어 놓아 대림절 예전색을
  강조시킨다.

The Third Week of December :
Third Sunday of Advent

- • Theme : The Joy of Redemption
- • Scripture : Isa 61 : 1~4
  1Th 5 : 16~24
  1Jn 8~9, 16~24
- • pray continually ; give thanks in all
  circumstances, for this is God's will for
  you in Chirst Jesus.
- • Materials : Flower vase obiet /Candles /
  Hares tail grass
- • Meaning : The candle represents Jesus
  coming on earth. Since His arrival, Jesus
  became the light of the world. The
  candle burns itself to provide light for the
  darkness.
- • Directions :
  1. Stand flower vase obiet about 30
  centimeters apart.
  2. Insert candle in the center of flower vase
  obiet and add purple Hares tail grass
  around the candle.
  3. At the bottom of flower vase obiet, place
  purple sparkling gauze with volume to
  emphasize previous colors from Advent.

12월 넷째주 : 대림절 네째주일

●**주제** : 감추었던 언약의 성취
●**말씀** : 삼하 7 : 8~16
　　　　　롬 16 : 25~27
　　　　　눅 2 : 11~14
●오늘날 다윗의 동네에 너희를 위하여 구주가
　나셨으니 곧 그리스도 주이시니라.
●**소재** : 오부제 4개/초 (흰색) 4개/
　　　　　포인세티아 40개/열매 추리 10개/
　　　　　호랑가시 2단
●**꽃말** : • 포인세티아 : 축복
●**의도** : 대림절과는 달리 보라색을 전부 제하고
　　　　　예수의 탄생을 축복하여 축제의
　　　　　분위기가 나도록 흰색으로 구성한다.
●**순서** : 1. 흰색 반짝이 망사를 볼륨있게 늘어
　　　　　　 놓고 오부제 밑에 금색 호랑가시
　　　　　　 나무를 운치있게 꽂는다.
　　　　　2. 부분적으로 포인세티아를 꽂아주고
　　　　　　 열매추리를 곁들인다.

The Fourth Week of December : Fourth Sunday of Advent (The Birth of Jesus Christ)

● **Theme** : Fulfillment of God's Hidden
　　　　　　Promise
● **Scripture** : 2Sa 7 : 8~16
　　　　　　　 Ro 16 : 25~27
　　　　　　　 Lk 2 : 11~24
● Today in the town of David a Savior has
　been born to you; he is Christ the Lord.
● **Materials** : Flower vase obiet /Fruits/
　　　　　　　 English holly /Candles /
　　　　　　　 Poinsettia
● **Flower Language** :
　　Poinsettia : Blessing
● **Meaning** : Unlike Advent, do not use the
　color purple. Celebrate the birth of christ
　by using white colors, which give a
　festivic mood.
● **Directions** :
　1. Spread out white sparkling gauze, giving
　　 much volume. Insert gold colored
　　 English holly under the flower vase
　　 obiet.
　2. Insert Poinsettia partially and garnish
　　 with any kind of fruits.

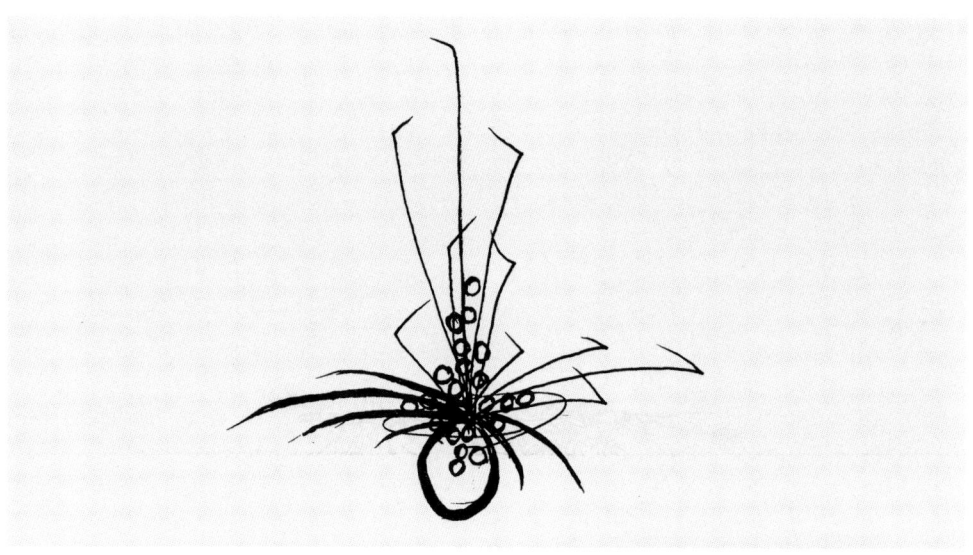

12월 다섯번째주일 : 성탄절후 첫째주일

●주제 : 그리스도를 통해 이루어지는 구속사건
●말씀 : 사 61 : 10~62
　　　　 갈　4 : 4~7
　　　　 눅　2 : 22~40
●때가 차매 하나님이 그 아들을 보내사
　여자에게서 나게 하시고 율법아래 나게 하신
　것은 율법 아래 있는 자들을 속량하시고 우리로
　아들의 명분을 얻게 하려 하심이라.
●소재 : 백합 3단/ 란 2단/ 엽란
　　　　 카네이션 (흰색) 2단
●꽃말 : • 백합 : 순결
　　　　 • 카네이션 : 어머님 사랑
●의도 : 인간의 죄를 대속하시기 위하여 독생자
　　　　 예수를 이땅에 보내신 하나님의 크신
　　　　 사랑을 백합과 카네이션으로 표현했다.
●순서 : 1. 백합의 키를 살려 서로 마주보도록
　　　　　　 길이변화를 주며 꽂는다.
　　　　 2. 엽란으로 양옆선을 살려주고
　　　　　　 중앙에 카네이션을 볼륨있게 꽂는다.

The Fifth Week of December : First Sunday after Christmas

- **Theme** : Salvation Through Jesus Christ
- **Scripture** : Isa 61 : 10~62
　　　　　　　　 Gal 4 : 4~7
　　　　　　　　 Lk 2 : 22~40
- But when the time had fully come, God sent his Son, born of a woman, born under law, to redeem those under law, that we might receive the full rights of sons.
- **Materials** : Lilium longiflorum / Dianthus
- **Flower Language** :
　Lilium longiflorum : Chastity
　Dianthus : Mother's love
- **Meaning** : Lilium longiflorum and Dianthus symbolize the great love of God who sent His only begotten Son to redeem our sins.
- **Directions** :
　1. Give life to the height of the Lilium longiflorum and insert them facing towards each other.
　2. Insert New Zealand Flax on both sides, giving life to the leaf lines. Add Dianthus in the center with volume.

242

1월 첫째주 : 주현절

●**주제** : 말씀의 신학
●**말씀** : 렘 31 : 7~14
　　　　엡 1 : 3~6, 15~18
　　　　요 1 : 1~18
●말씀이 육신이 되어 우리 가운데 거하시매
　우리가 그 영광을 보니 아버지의 독생자의
　영광이요, 은혜와 진리가 충만하더라.
●**소재** : • 소나무 2단/버들 1단/
　　　　극락조 2대/흰국화 1단/카네이션 1단
●**꽃말** : • 소나무/극락조 : 영구불멸
　　　　• 버들 : 소식　• 국화 : 절개
　　　　• 카네이션 : 어머님사랑
●**의도** : 꽃말이 영구불멸인 소나무와 극락조를
　　　　세세토록 변치않는 하나님의 진리의
　　　　말씀으로 표현하였다. 새해에도 새로운
　　　　복음의 멧세지가 우리들 교회와 가정에
　　　　전해지고 우리의 흔들림이 없는 신앙을
　　　　국화로 표현하여 알찬 한 해가 되길
　　　　기원하는 마음에서 구상해 보았다.
●**순서** : 1. 소나무로 틀을 구성한다.
　　　　2. 극락조화가 돋보이도록 길게 꽂는다.
　　　　3. 버들로 소나무보다 적게 틀을 구
　　　　　 성한다.
　　　　4. 앞면에 중심을 두고 국화와 카네이션이
　　　　　 마주보도록 꽂는다.

**The First Week of January :
Epiphany**

• **Theme** : Theology of Logos
• **Scripture** : Jer 31 : 7~14
　　　　　　Eph 1 : 3~6, 15~18
　　　　　　Jn 1 : 1~18
• The Word became flesh and made his
　dwelling among us. We have seen his
　glory, the glory of the One and Only,
　who came from the Father, full of
　grace and truth.
• **Materials** : Pine tree /Strelitzia /
　Salix/ Chrysanthemum /Dianthus
• **Flower Language** :
　· Pine tree
　· Strelitzia ⟩ Immortality
　· Salix : Message
　· Chrysanthemum : Integrity
　· Dianthus : Mother's love
• **Meaning** : The Pine tree and the
　Strelitzia, having a flower language of
　immortality, symbolizes God's
　unchanging Word of Truth. In this
　New Year, His Word and the Gospel
　will continue to be spread in the curch
　and in our families. Chrysanthemum
　symbolizes our solid faith and expre-
　sses a happy wish for a New Year.
• **Directions** :
　1. Compose Pine tree into a
　　 framework.
　2. Insert Strelitzia in long stems,
　　 placing them in an advantageous
　　 position.
　3. Compose Salix into a smaller
　　 framework than the Pine tree.
　4. Insert Chrysanthemum and
　　 Dianthus facing each other around
　　 the front-side.

1월 둘째주 : 주님의 수세주일

● 주제 : 성령의 세계
● 말씀 : 사 42 : 1~9
　　　　마 3 : 13~17
　　　　행 10 : 34~43
● 예수께서 세례를 받으시고 곧 물 위에
　올라오실새 하늘이 열리고 하나님의 성령이
　비둘기 같이 내려 자기 위에 임하심을
　보시더니
　사행 3 : 16절
● 소재 : 측백 2단/백합 2단
● 꽃말 : • 측백 : 기도
　　　　 • 백합 : 순결
● 의도 : 세례를 받으시므로 더욱 정결하신
　　　　주님을 백합으로 표현해 보았다.
● 순서 : 1. 측백선의 흐름을 살려 꽂는다.
　　　　2. 백합으로 측백과 조화를 이루며 길고
　　　　　 짧게 꽂는다.

The Second Week of January : The Baptism of the Lord

● **Theme** : Called to Witness
● **Scripture** : Isa 42 : 1~9
　　　　　　　Mt 3 : 13~17
　　　　　　　Ac 10 : 34~43
● As soon as Jesus was baptized, he
　went up out of the water. At that
　moment heaven was opened, and he
　saw the Spirit of God descending like
　a dove and lighting on him.
● **Materials** : Biota orientalis /
　　　　　　　Lilium longiflorum
● **Flower Language** :
　· Biota orientalis : Prayer
　· Lilium longiflorum : Chastity
● **Meaning** : The Baptism of the Lord is
　symbolized by the Lilium longiflorum.
● **Directions** :
　1. Insert Biota orientalis according to
　　 the flow of its lines.
　2. Insert Lilium longiflorum and Biota
　　 orientalis in a harmonious
　　 arrangement using short and long
　　 stems.

1월 셋째주 : 주현절후 두째주일

- **주제** : 증거자로의 부르심
- **말씀** : 사 49 : 1~7
    요 1 : 29~34
    시 40 : 1~11
- 그때에 내가 말하기를 내가 왔노라.
  나를 가리켜 기록한 것이 두루마리 책에
  있나니라.
- **소재** : 향나무(카이스카) 2단/
    핑크카네이션 2단
- **꽃말** : • 향나무 : 영원한 향기
    • 카네이션 : 어머님 사랑
- **의도** : 주님이 오심은 우리의 피조물을
    구원하시려는 광대한 사랑이 계심이며
    이를 카네이션으로 표현하고 영원히
    불변하신 진리의 말씀을 향나무로
    표현해 보았다.
- **순서** : 1. 향나무의 선을 살려 안정감있게
    꽂는다.
    2. 카네이션을 길고 짧게 중앙에 모아
    꽂으면서 부분적으로 살려 꽂는다.

The Third Week of January : Second Sunday of Epiphany

- **Theme** : Called to Witness
- **Scripture** : Isa 49 : 1~7
    Jn 1 : 29~34
    Ps 40 : 1~11
- the people living in darkness have seen a great light ; on those living in the land of the shadow of death a light has dawned.
- **Materials** : Kaizuka juniper /
    Dianthus
- **Flower Language** :
  · Kaizuka juniper : Eternal fragrance
  · Dianthus : Mother's love
- **Meaning** : The Lord cam down to earth to save us from blood-sacrifice because of His boundless love. Dianthus symbolizes His love and Kaizuka juniper symbolizes His unchanging Word of Truth.
- **Directions** :
  1. Insert Kaizuka juniper with a sense of stability, keeping alive the flow of its stems.
  2. Insert Dianthus in the middle with short and long stems, placing some of them in outer parts.

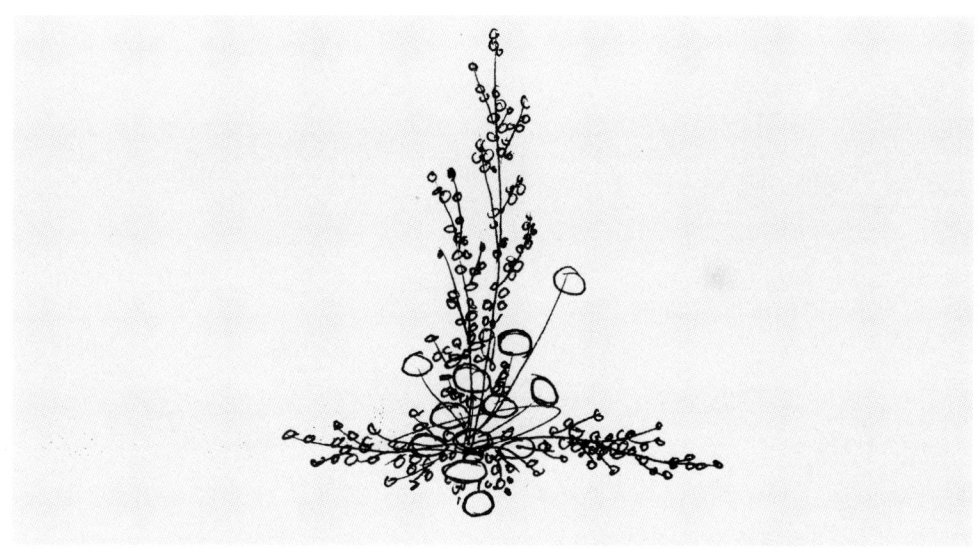

1월 넷째주 : 주현절후 세째주일

- ●**주제** : 빛의 사역
- ●**말씀** : 사 9 : 1~4
  마 4 : 12~23
  고전 1 : 10~17
- ● 흑암에 앉은 백성이 큰 빛을 보았고 땅과 그늘에 앉은 자들에게 빛이 비치었도다.
- ●**소재** : 금엽사철 2단/거베라(주홍) 1단
- ●**꽃말** : •사철 : 슬기로운 생각
  •거베라 : 신비
- ●**의도** : 하나님의 진리와 섭리는 늘 신비롭고 무한하다. 하나님이 주신 축복을 감사하며 기뻐하며 살아가는 헌신의 삶은 가장 슬기로운 자의 생각이다.
- ●**순서** : 1. 사철나무를 부분적으로 잎을 제거하여 운치있게 꽂는다.
  2. 거베라를 중앙에 모으면서 퍼지게 꽂는다.

The Fourth Week of January : Third Sunday of Epiphany

- • **Theme** : Work of the Light
- • **Scripture** : Isa 9 : 1~4
  Mt 4 : 12~23
  Ico 1 : 10~17
- • Then I said, Here I am, I have come—it is written about me in the soroll.
- • **Materials** : Euonymus / Gerbera
- • **Flower Language** :
  · Evergreen spindle tree : Prudence
  · Gerbera : Mystery
- • **Meaning** : God's Truth and Divinity are forever mysterious and boundless. Wise are those who count their blessings and live a devotional life.
- • **Directions** :
  1. After partly removing the leafs, tastefully insert Evergreen spindle tree.
  2. Insert Gerbera collectively in the middle, spreading them out.

2월 첫째주 : 주현절후 네째 주일

- **주제** : 하나님의 은총을 받은 사람들
- **말씀** : 막　6 : 1~8
　　　　고전 1 : 18~31
　　　　마　5 : 1~12
　　　　시　37 : 1~11
- **여호와를 기뻐하라. 저가 네 마음의
  소원을 이루리라.**
- **소재** : 산수유 1단/붉은장미 2단~3단/
  　　　동백잎 1단
- **꽃말** : • 산수유 : 如意를 期待 한다.
  　　　• 붉은장미 : 열열한 사랑
- **의도** : 믿음에 더욱 확신을 가지고 주님을
  　　　사모하며 순종하며 간구할 때 우리의
  　　　소망을 들어주시는 사랑의 하나님을
  　　　산수유와 장미로 표현해 보았다.
- **순서** : 1. 산수유의 곡선을 살려 제1주지,
  　　　　제2주지를 살려 꽂는다.
  　　　2. 중앙에 장미를 길고 짧게 꽂아주고
  　　　　동백 잎으로 밑처리를 한다.
  　　　　산만하지 않도록 주의한다.

The First Week of February :
Fourth Sunday of Epiphany

- **Theme** : People Who Have God's
  Blessings
- **Scripture** : Mk 6 : 1~8
  　　　　Ico 1 : 18~31
  　　　　Mt 5 : 1~12
  　　　　Ps 37 : 1~11
- Delight yourself in the LORD and he will
  give you the desires of your heart.
- **Materials** : Cornus officinalls /
  　　　　Rosa /Camellia
- **Flower Language** :
  · Cornus officinalls : In anticipation of a
  　　　　　　　good will
  · Rose : Burning love
- **Meaning** : Cornus officinalls and the
  Rose express God's love. God listens to
  our prayers when we, having assurance
  through faith, request earnestly,
  adoringly, and obediently.
- **Directions** :
  1. Insert Cornus officìanalls, keeping alive
  its flowing lines and saving the first
  and second peak points.
  2. Insert short and long stems of Rosas in
  the middle and add Camellia leafs on the
  bottom, being careful not to have a
  distracting arrangement.

2월 둘째주 : 주현절후 다섯째 주일

- **주제** : 선한 행위들은 빛이 되어 퍼진다.
- **말씀** : 사 58 : 3~9
    마 5 : 13~16
    고전 2 : 1~11
    시 112 : 4~9
- **정직한 자에게는 흑암중에 빛이 일어나니 그는 어질고 자비하고 의로운 자로다.
- **소재** : 왕버들 2~3단/튜울립 1~2단
- **꽃말** : • 왕버들 : 소식, 자유, 태평세월
    • 튜울립 (자색) : 불변의 사랑, 평화, 함께 나를 기억하라.
- **의도** : 정직함으로 자유롭고 많은 이에게 기쁨과 소망과 빛을 줌을 버들로 표현하고 더불어 평화와 주님을 항상 기억하는 자세로 튜울립을 꽂아 보았다.
- **순서** : 1. 버들을 곧게 꽂되 윗쪽을 약간 퍼지게 꽂는다.
    2. 소철로 옆선을 조화를 이루며 살린다.
    3. 튜립을 중앙에 모아 꽂는다.

The Second Week of February : Fifth Sunday of Epiphany

- **Theme** : Good Deeds Become the Light of the World
- **Scripture** : Isa 58 : 3~9
    Mt 5 : 13~16
    Ico 2 : 1~11
    Ps 112 : 4~9
- Even in darkness light dawns for the upright, for the gracious and compassionate and righteous man.
- **Materials** : Salix leucopithecia / Tulipa
- **Flower Language** :
    · Salix leucopithecia : Message, freedom, time of peace
    · Tulipa : Unchanging love, peace, in remembrance of me with you
- **Meaning** : A gift of happiness, hope and light is brought to those who are honest and free. This message is expressed by the Salix leucopithecia together with Tulipa which expresses peace and remembrance of God.
- **Directions** :
    1. Insert Salix leucopithecia vertically and spread them out a little.
    2. Cycads are added to shape the side lines and the bottom.
    3. Insert Tulipa collectively in the middle.

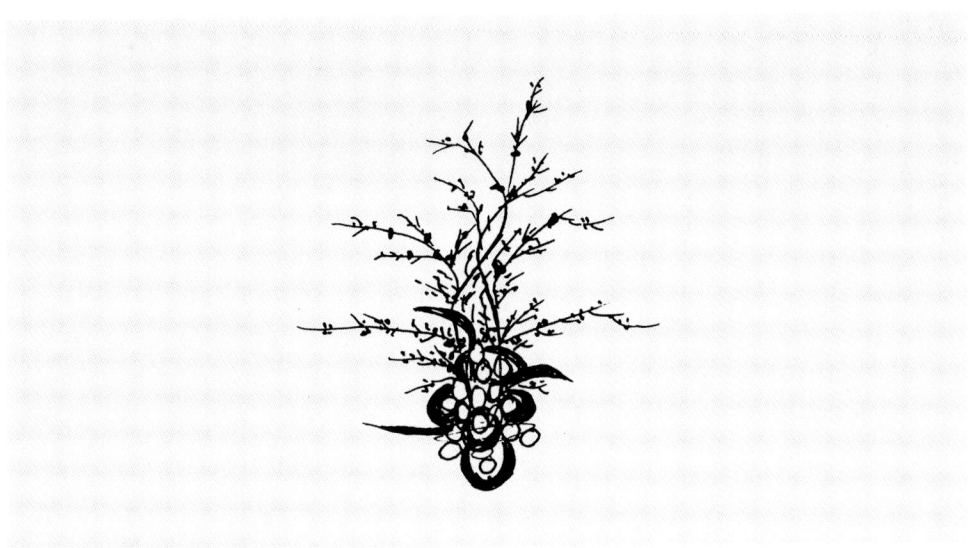

2월 셋째주 주현절후 여섯째 주일

- **주제** : 율법으로 사는 생활
- **말씀** : 시 119 : 1~8
  고전 3 : 1~9
  마 5 : 17~26
  신 30 : 15~20
- 내가 율법이나 선지자나 폐하러 온 줄로
  생각지 말라. 폐하러 온 것이 아니요,
  완전케 하려 함이로다.
- **소재** : 산당화 1~2단
  카 라 1~2단
  엽 란 5~10잎
- **꽃말** : • 산당화 : 신뢰, 숙달, 조숙
  • 카 라 : 장대한 미, 환희
- **의도** : 하나님의 율법을 지킨다는 것은 많은
  아픔과 고난이 따른다. 그러나 견디어
  이기면 아름다운 열매와 기쁨이 넘친다.
  가시돋힌 앙상한 가지에 아름답게 꽃이
  핀 산당화와 카라로 표현해 보았다.
- **순서** : 1. 산당화의 곡선을 살려 꽂는다.
  2. 엽란으로 부드럽게 밑처리를 한다.
  3. 카라를 도란도란 이야기하듯 중앙에
  모아 꽂는다.

The Third Week of February :
Sixth Sunday of Epiphany

- **Theme** : Life According to the Law of
  the Lord
- **Scripture** : Ps 119 : 1~8
  Ico 3 : 1~9
  Mt 5 : 17~26
  Dt 30 : 15~20
- Do not think that I have come to abolish
  the Law or the Prophets ; I have not come
  to abolish them but to fulfill them.
- **Materials** : Chaenomeles speciosa /
  Calla /Cast-iron-plant
- **Flower Language** :
  · Chaenomeles speciosa : Reliance,
  proficiency,
  premature
  growth
  · Cast-iron plant : Strong beauty, great
  happiness
- **Meaning** : Following God's commands
  takes a great deal of pain and suffering.
  But if one can endure and overcome,
  he/she will be richly awarded with joy and
  bear beautiful fruits. This message is
  expressed through Chaenomeles speciosa
  and Common which is thorny, looks thin
  with most of their leafs fallen, and has a
  beautiful flower blossom.
- **Directions** :
  1. Insert Chaenomeles speciosa keeping
  alive the flow of its stems.
  2. Take care of the bottom softly with
  Cast-iron plant.
  3. Insert Calla collectively in the center as
  if they were speaking in whispers.

2월 넷째주 주현절후 일곱째 주일

- ●**주제** : 우리는 하나님의 거룩한 성전이다.
- ●**말씀** : 사 49 : 8〜13
  고전 3 : 10〜 11
  마 5 : 27〜 37
  시 62 : 5〜 12
- ● 만일 네 오른눈이 너를 실족케 하거든 빼어
  내버리라 네 백체 중 하나가 없어지고 온
  몸이 지옥에 던지우지 않는 것이 유익하며.
- ●**소재** : 백합 1〜 2단/카네이션
  엽란 5〜 10잎
- ●**꽃말** : • 백합 : 순결
  • 카네이션 : 어머님사랑
  • 엽란 : 거역
- ●**의도** : 하나님의 말씀을 거역하면 거룩함을
  이룰 수 없다. 하나님의 성전이신
  우리의 육체와 혼과 영혼을 사랑과
  진리와 깨끗한 마음으로 늘 새롭게
  성별하여 영원한 하나님의 백성됨을
  백합과 카네이션으로 표현해 보았다.
- ●**순서** : 1. 백합으로 전체틀을 구성한다.
  2. 카네이션을 중앙에서 사방으로
  퍼지도록 꽂는다.
  3. 엽란은 모양을 내어 아래부분을
  감싸듯이 꽂는다.

The Fourth Week of February : Seventh Sunday of Epiphany

- • **Theme** : We Are God's Holy Temple
- • **Scripture** : Isa 49 : 8〜13
  Ico 3 : 10〜11
  Mt 5 : 27〜37
  Ps 62 : 5〜12
- • If your right eye causes you to sin, gouge
  it out and throw it away. It is better for
  you to lose one part of your body than for
  your whole body to be thrown into hell.
- • **Materials** : Lilium longiflorum /
  Dianthus /Cast-iron plant
- • **Flower Language** :
  · Dianthus : Mother's love
  · Cast-iron plant : Disobedience
- • **Meaning** : We can not be Holy if we
  disobey God's Words.
- • **Directions** :
  1. Compose the whole frame with Lilium
  longiflorum.
  2. Insert Dianthus in the center,
  Spreading them out to every direction.
  3. Shape and insert Cast-iron plant as if it
  were protecting the bottom part.

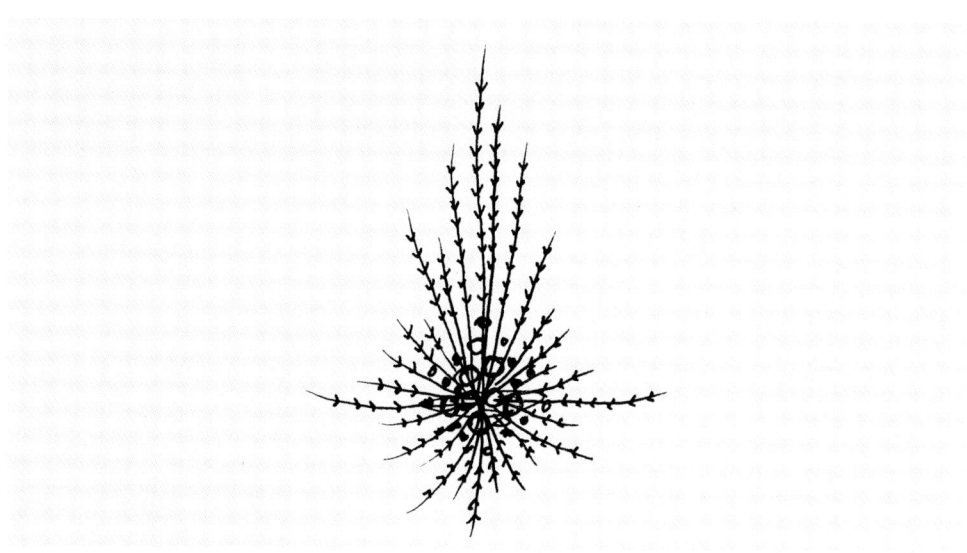

3월 첫째주 주님의 산상변모일

- **주제** : 하나님과 함께 하는 체험
- **말씀** : 출 24 : 12~18
  마 17 : 1~9
  시 2 : 6~11
- 베드로와 야고보와 그 형제 요한을 데리고
  높은 산에 올라가셨더니 저희 앞에 변형되사
  그 얼굴이 해같이 빛나며 옷이 빛과 같이
  희어졌더라.
- **소재** : 글라디오스 (흰) 1단
  거베라 (흰) 1단
  카네이션 (노) 1단
- **꽃말** : · 글라디오스 : 승리
  · 거베라 : 신비
- **의도** : 예수님이 변형되시는 신비스러움을
  가베라로 해같이 빛나며 옷이
  희어졌음을 글라디오스로 표현하였다.
- **순서** : 1. 전체틀을 글라디올러스로 빛이
  퍼지는 형태로 구성한다.
  2. 거베라를 중앙에 모아 꽃는다.
  3. 카네이션을 거베라 사이 사이에
  퍼지도록 꽃는다.

The First Week of March :
The Transfiguration of the Lord

- **Theme** : Experience Together With God
- **Scripture** : Ex 24 : 12~18
  Mt 17 : 1~9
  Ps 2 : 6~11
- took with him Peter, James and John the
  brother of James, and led them up a high
  mountain by themselves There he was
  transfigured before them. His face shone
  like the sun, and his clothes became as
  white as the light.
- **Materials** : Gladiolus /Gerbera /
  Dianthus
- **Flower Language** :
  · Gladiouls : Victory
  · Gerbera : Mystery
- **Meaning** : Gladiolus and Gerbera
  symbolize the mysteriousness of the
  Lord's transfiguration when His clothes
  became white as the light.
- **Directions** :
  1. Insert Gladiolus, forming into a shape of
  a ray of light.
  2. Add Gerbera collectively in the center.
  3. Add Dianthus broadly between
  Gerberas.

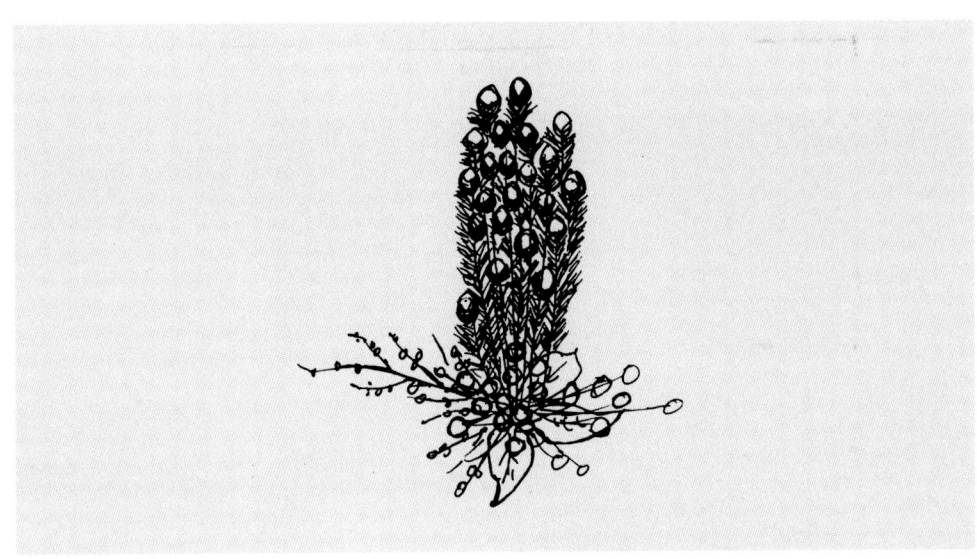

3월 둘째주 사순절 첫째 주일

- **주제** : 죄의 근원과 해결책
- **말씀** : 창 2 : 4
  마 4 : 1~11
  롬 5 : 12~19
- 사람으로 말미암아 죄가 세상에 들어오고 죄로 말미암아 사망이 왔나니.
- **소재** : 공작털 20개/배나무 1단/
  아이리스 2단/몬스테라 3잎
- **꽃말** : • 배나무 : 위로, 애정
  • 아이리스 : 소식
- **의도** : 우리의 허물을 용서하시고 회개하므로 사랑하사 사망의 권세에서 영생을 얻도록 간구하시는 주의 뜻을 표현했다.
- **순서** : 1. 배나무의 곡선을 살려 꽂는다.
  2. 공작깃을 가지런히 모아 꽂는다.
  3. 중앙에 아이리스를 모아 꽂는다.
  4. 허전한 곳을 몬스테라로 처리한다.

The Second Week of March : First Sunday in Lent

- **Theme** : The Source of Sin and the Solution
- **Scripture** : Ge 2 : 4
  Mt 4 : 1~11
  Ro 5 : 12~19
- Just as sin entered the world through one man, and death through sin.
- **Materials** : Para muticus /Pyrus serotina Iris /Monstera
- **Flower Language** :
  · Pyrus serotina : Consolation, affection
  · Iris : Message
- **Meaning** : God forgives our faults and covers our repent with love. It is His will that we overcome the power of death and receive an everlasting life.
- **Directions** :
  1. Give life to the natural flowing lines of Pyrus serotina and insert them.
  2. Insert Para muticus evenly.
  3. Add Iris in the center.
  4. Add Monstera around empty spaces to finish.

3월 셋째주 : 사순절 두째 주일

- **주제** : 하나님의 약속에 대한 믿음
- **말씀** : 롬 4 : 1~5
    요 3 : 11
    창 12 : 1~8
- **진실로 진실로 네게 이르노니 우리 아는 것을 말하고 본 것을 증거하라.**
- **소재** : 목련 (자) 2단/동백잎 1단/
    양국화 1단
- **꽃말** : • 목련 : 숭고한 사랑, 번영
    • 국화 : 절개
- **의도** : 하나님의 거룩하신 말씀을 전파하며 끝까지 기다리는 자에게 영생이 있음을 확신하며 하나님의 크신 사랑을 목련으로 끝까지 기다리는 믿음을 국화로 표현해 보았다.
- **순서** : 1. 목련의 곡선을 살려 우아하게 꽂는다.
    2. 동백잎으로 아래부분의 선과 허전한 곳을 처리한다.
    3. 중앙과 허전한 곳에 국화를 꽂는다.

The Third Week of March :
Second Sunday in Lent

- **Theme** : Believing in God's Promise
- **Scripture** : Ro 4 : 1~5
    Jn 3 : 11
    Ge 12 : 1~8
- I tell you the truth, we speak of what we know, and we testify to what we have seen.
- **Materials** : Thurber's magnolia /
    Camellia /Chrysanthemum
- **Flower Language** :
    · Thurber's magnolia : Sublime love,
        prosperity
    · Chrysanthemum : Integrity
- **Meaning** : Those who firmly believe in the Holy words of God and spread the Gospel to the ends of the earth will receive an everlasting life. Thurbers' magnolia symbolizes God's great love and Chrysanthemum symbolizes the enduring faith.
- **Directions** :
    1. Insert Thurber's magnolia gracefully, keeping alive the flow of its stems.
    2. Add Camellia leafs in the lower part and around empty spaces.
    3. Add Thurber's magnolia in the center and around lonesome places.

3월 넷째주 : 사순절 세째 주일

- **주제** : 하나님의 말씀은 생명이다.
- **말씀** : 출 17 : 3~7
  요 4 : 5~26
  롬 5 : 1~11
- **인내는 연단을 연단은 소망을 이루는 줄 앎이로다.**
- **소재** : 개나리 2단/아네모네 3단/ 편백 1단
- **꽃말** : • 개나리 : 희망
  • 아네모네 (적색) : 당신을 사랑해
  　　　　　　 (보라) : 당신을 믿어요
- **의도** : 참고 견디며 기다리면 소망이 있고 영원한 생명을 얻을 수 있으나 실족하면 사망이 기다린다.
- **순서** : 1. 버들은 작가의 소견대로 다양한 형태를 만들 수 있다. 원하는 선을 만들어 안정감 있게 꽂는다.
  2. 아네모네를 조화있게 꽂고 편백으로 마무리한다.

The Fourth Week of March : Third Sunday in Lent

- **Theme** : God's Word Is Life
- **Scripture** : Ex 17 : 3~7
  Jn 4 : 5~26
  Ro 5 : 1~11
- perseverance, character ; and character, hope
- **Materials** : Forsythia Koreana /
  Anemone /Green
  Japanese cypress
- **Flower Language** :
  · Forsythia Koreana : Hope
  · Anemone : Loving you
  · Purple : Trusting you
- **Meaning** : There is hope for those who believe in God's Words and endure to the end. But walking in falsehood will only bring death.
- **Directions** :
  1. Salix can be formed ino various shapes according to many ideas of the stylist. After making a desirable line, insert Salix with a feeling of stability.
  2. Add Anemone harmoniously and finish with Green Japanese cypress.

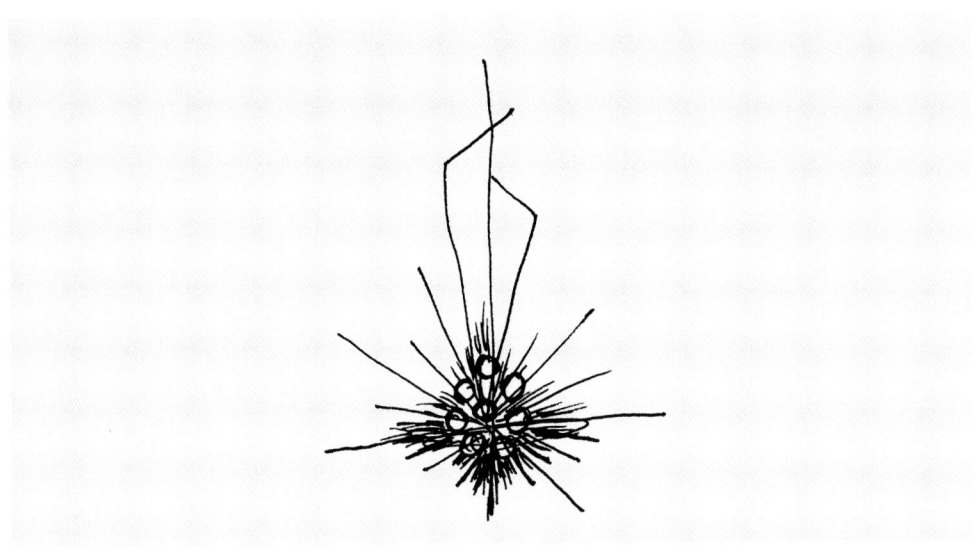

3월 다섯째주 사순절 네째 주일

●주제 : 빛이 있어야 한다.
●말씀 : 삼상 16 : 1~13
　　　　요 9 : 1~41
　　　　시 23
●내가 세상에 있는 동안에는 세상의 빛이라.
●소재 : 수수깡(노랑스치로) 2단/
　　　　거베라(적) 1단/편백 1단
●꽃말 : •거베라 : 신비
●의도 : 예수님이 계신 곳에는 늘 신비스런
　　　　역사가 이루어진다. 스치로폴수수깡을
　　　　길고 짧게 사용하여 빛을 상징했고
　　　　그 빛을 더욱 강조하기 위해 거베라를
　　　　중앙 부분으로 치중하여 꽂았다.

The Fifth Week of March : Forth Sunday in Lent

- **Theme** : There Must Be Light In Order to See
- **Scripture** : Isa 16 : 1~13
　　　　　　　Jn 9 : 1~41
　　　　　　　Ps 23
- While I am in the world, I am the light of the world.
- **Materials** : Indian millet / Gerbera / Green Japanese cypress
- **Flower Language** :
  · Gerbera : Mystery
- **Meaning** : Amazing histories are made wherever God is present. Short and long stems of Indian millet represent the light. The effectiveness of the light is emphasized by inserting Gerberas in the center.

4월 첫째주 : 사순절 다섯째 주일

- ●**주제** : 죽음에서 나오는 생명
- ●**말씀** : 요 11 : 17~45
  롬 8 : 6~11
  시 116 : 1~9
- ●육신의 생각은 사망이요 영의 생각은
  생명과 평안이라….
- ●**소재** : • 오크라 (패나무) 2단/
  오크라 검정착색 2단/튜울립 (적) 1~2단
  /미색카네이션 1단/몬스테라 3장
- ●**꽃말** : • 튜울립 : 당신을 사랑합니다.
  • 카네이션 : 어머님 사랑
- ●**의도** : 육신의 생각을 어둠으로 검정색을
  사용했고 영의 생각을 흰색 오크라로
  표현했다. 늘 주님을 사모하며
  영접함으로써 영원한 생명을 얻을 수
  있듯이 튜울립과 카네이션으로 말씀을
  표현해 보았다.
- ●**순서** : 1. 오크라 (착색) 의 흰색과 검정색이
  구별되도록 가지런히 꽃는다.
  2. 흰색 쪽에는 튜울립(적색) 을 꽃고
  검정색 쪽에는 미색 카네이션을 꽃아
  작품이 돋보이도록 한다.
  3. 몬스테라를 조화있게 꽃는다.

The First Week of April :
Fifth Sunday in Lent

- ● **Theme** : Life from Death
- ● **Scripture** : Jn 11 : 17~45
  Ro 8 : 6~11
  Ps 116 : 1~9
- ● The mind of sinful man is death, but the
  mind controlled by the Spirit is life and
  peace
- ● **Materials** : Okra /Tulipa /
  Dianthus /Monstera
- ● **Flower Language** :
  · Tulipa : I love you
  · Dianthus : Mother's love
- ● **Meaning** : The physical body and the
  spiritual being are symbolized by black
  and white Okras, rspectively. Just as we
  can receive an everlasting life by
  believing in God and always adoring Him,
  God's Word is symbolized by Tulipa and
  Dianthus.
- ● **Directions** :
  1. Distinguish black and white Okras by
  insertiing them evenly.
  2. Show off colors by adding Tulipa on the
  white side and the lovely Dianthus on
  the black side.
  3. Add Monstera harmoniously.

4월 둘째주 : 종려주일 수난주일

- ●주제 : 고난받으시는 하나님의 종
- ●말씀 : 마 26 : 14~27, 66
  빌　2 : 5~11
  시 31 : 9~10
- ●사람의 모양으로 나타나셨으매 자기를
  낮추시고 죽기까지 복종하셨으니 곧
  십자가에 죽으심이라.
- ●소재 : 탱자가시 (표백) 3~5단/
  아이리스 (보라) 2~3단/아네모네
  아네모네 2~3단/석축 1단/
  보라망사 1단/나무껍질 (보라착색) 1단
- ●꽃말 : •탱자 : 인종 (忍從)　•아이리스 : 소식
  •아네모네 : 배신
- ●의도 : 예수님이 가시면류관을 쓰시고
  십자가에 달려 돌아가심을 탱자나무로
  표현하고 더욱 아픔을 강조하기 위해
  탱자가시로 십자가를 만들고 그림처럼
  탱자가시를 꺾어 작품을 구성하여
  아픔을 나타냈다.
  아네모네로 人間 (弟子)의 배신을
  아이리스로 주님의 십자가의 슬픈
  소식을 온 세상에 전하며 나무껍질
  보라색을 잘라 둥글게 원을 만들어
  작품의 흐름을 강조시키고 더욱 짙은
  슬픔을 부분부분에 보라망사로
  표현했다.
  ＊십자가 : 고난주에는 예수의 죽음을
  상징하여 검정 십자가를 사용한다.

The Second Week of April : Palm/Passion Sunday

- ● **Theme** : God's Suffering Servant
- ● **Scripture** : Mt 26 : 14~27, 66
  Php 2 : 5~11
  Ps 31 : 9~10
- ● And being found in appearance as a man,
  he humbled himnself and became
  obedient to death－even death on a cross!
- ● **Materials** : Trifoliate orange /
  Iris Anemone /Bark of a tree
- ● **Flower Language** :
  · Iris : Message
  · Anemone : Betrayal
  · Trifoliate orange : Race
- ● **Meaning** : With a crown of thorns, Jesus
  was crucified on the cross. His
  crucifixion is expressed through
  Trifoliata orange. The cross is made up
  of the thorns form Trifoliatia orange to
  emphasize His pain. In addition, thorny
  stems are bent into a shape of picture
  frames to give a more dramatic effect.
  The betrayal of Jesus and the sadness of
  His crucifixion are expressed by
  Anemone and Iris, respectively,
  spreading the news throughout the world.
  Using the bark of a tree, purple pieces
  are cut into a circle, giving emphasis on
  the flow of the arrangement.
  Furthermore, purple gauze is partly
  placed to express deeper sadness.
- ※ The Cross : symbolizes Jesus' death during
  Palm /Passion Sunday. Use a black
  cross.

4월 셋째주 : 부활주일

- ●주제 : 부활의 실체
- ●말씀 : 골 3 : 1~4
  요 20 : 1~18
  시 118 : 14~24
- ●여호와는 나의 능력과 찬송이시요 또 나의 구원이 되셨도다.
- ●소재 : 백합 2~3단/안개나 조팝 1~2단/ 게리(大) 1단/흰 공단리본이나 황금색 리본
- ●꽃말 : • 백합 : 순결 • 안개 : 품위
  • 리본 : 축복
- ●의도 : 다시 사셔서 잠자는 자들의 첫열매가 되신 그리스도를 축하하는 축제적인 분위기에 조화되도록 꽃을 꽂는것이 중요하다. 십자가를 사용할 경우 고난주와는 달리 흰색 십자가를 사용하고 꽃도 흰색을 꽂는다.
- ●순서 : 1. 백합으로 길고 짧게 전체틀을 구성하여 부활하신 주님을 표현했다.
  2. 안개로 분위기를 살려 꽂는다.
  3. 게리는 작품의 흐름을 강조하여 꽂는다.
  4. 리본은 부활을 축하하는 의미에서 아래 중앙에 매어 준다.

The Third Week of April : Easter Sunday

- • **Theme** : The Substance of Easter
- • **Scripture** : Col 3 : 1~4
  Jn 20 : 1~18
  Ps 118 : 14~24
- • The Lord is my strength and my song ; he has become my salvation.
- • **Materials** : Lilium longiflorum / Gypsophila / Bridal werath / Asparagus springeri / Ribbon
- • **Flower Language** :
  · Lilium longiflorum : Chastity
  · Gypsophila : Grace
  · Ribbon : Blessing
- • **Meaning** : Jesus rose from the dead and it's time to celebrate His victory. The flower arrangement should harmoniously reflect this mood of celebration and festivities. White colors are used for flowers and the cross unlike the Palm Sunday.
- • **Directions** :
  1. Insert short and long stems of Lilium longiflorum into a frame to symbolize the Lord.
  2. Give life to the arrangement by inserting Gypsophila.
  3. Add Asparagus springeri to emphasize the flowing lines of the arrangement.
  4. Place a ribbon in the bottom center to represent a note of congratulations for Christ's resurrection.

4월 넷째주 : 부활절후 두째주일

● 주제 : 부활하신 주님을 믿자
● 말씀 : 요 20 : 19~31
　　　　　벧전 1 : 3~9
　　　　　시 16 : 5~11
● 찬송하리로다. 우리 주 예수그리스도의 아버지
　　하나님이 그 많으신 긍휼대로 예수 그리스도의
　　죽은 자 가운데서 부활하심으로 말미암아
　　우리를 거듭나게 하사 산소망이 있게 하시며
● 소재 : 엽란 6잎/스톡크 흰색 3단,
　　　　　적색이나 분홍색 2단
● 꽃말 : · 스톡크 분홍 : 역경에도 변치않는 사랑
　　　　　　　　　 적색 : 두 마음을 갖지 않는다
　　　　　　　　　 흰색 : 영원한 사랑
● 의도 : 죄악과 유혹이 많은 세상에 거닐지라도
　　　　　우리의 소망은 하늘나라에 있기에 두
　　　　　마음을 갖지 말고 오직 한 분 주님을
　　　　　영접하여 믿고 구원을 얻을 수 있길
　　　　　바라는 마음에서 구성해 보았다.
● 순서 : 1. 스톡크(흰색)으로 전체틀을 구성하며
　　　　　　 중앙에도 길고 짧게 꽂는다.
　　　　　 2. 핑크색 스톡크를 흰색 사이사이에
　　　　　　 꽂아준다.
　　　　　 3. 엽란으로 작품을 멋스럽게 모양을
　　　　　　 내어 꽂는다.

The Fourth Week of April : Second Sunday of Easter

● **Theme** : Believe in the Resurrected Lord
● **Scripture** : Jn 20 : 19~31
　　　　　　　 Ipe 1 : 3~9
　　　　　　　 Ps 16 : 5~11
● Praise be to the God and Father of our Lord Jesus Christ! In his great mercy he has given us new birth into a living hope through the resurrection of Jesus Christ from the dead.
● **Materials** : Cast-iron plant /Stocks
● **Flower Language** :
　· Pink : Love that doesn't change even in an adverse situation
　· Red : A mind that cloesn't have two faces
　· White : An everlasting love
● **Meaning** : Although we live in a world full of sin and tempation, our hope should be placed in the Kingdom of God. Believe only in the Lord without having a two-faced mind and receive salvation.
● **Directions** :
　1. Compose the whole framework with white Stocks and place short and long stems also in the center.
　2. Add pink Stocks between white Stocks.
　3. Decorate fashionably with Cast-iron plant.

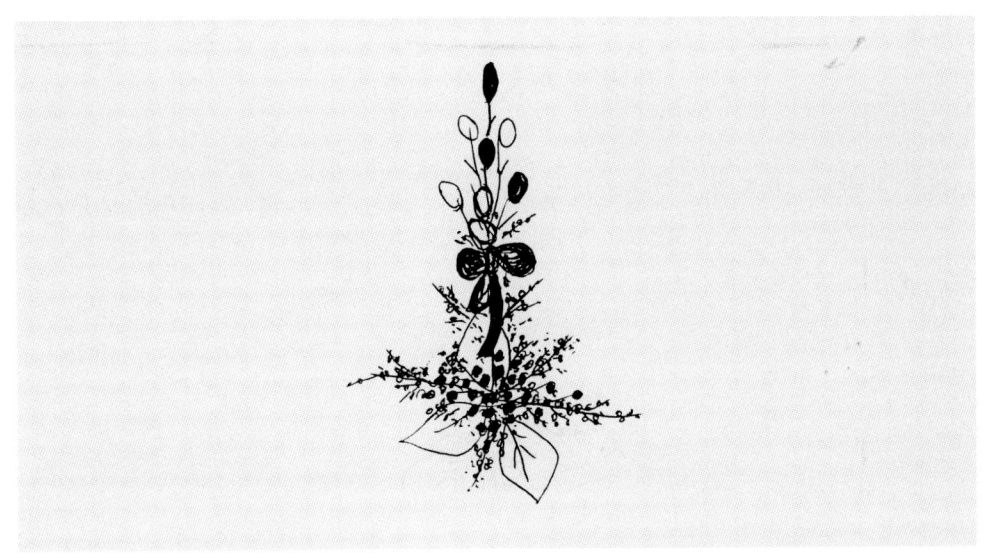

5월 첫째주 : 부활절후 셋째주일
(어린이주일)

- **주제** : 부활의 빛 가운데 있는 생명
- **말씀** : 행 2 : 14
  눅 24 : 13~35
  벧전 1 : 17~23
- **너희는 저들 죽은 자 가운데서 살리시고 영광을 주신 하나님을 그리스도로 말미암아 믿는 자니 너희 믿음과 소망이 하나님께 있게 하셨느니라.**
- **소재** : 삼지목나무 1단/엔젤카네이션 2단/ 조팝나무 1~2단/셀렘잎 3잎
- **꽃말** : • 조팝나무 : 기특하다
- **의도** : 어린이는 우리의 소망이요, 나라와 세계를 이끌어 갈 일꾼이다. 풍선으로 어린이의 꿈을 표현해 보았다.
- **순서** : 1. 삼지목나무를 자연스럽게 세우고 조팝과 셀렘으로 밑처리를 한다.
  2. 중앙에 엔젤을 꽂는다.
  3. 풍선을 달아 동심의 세계를 표현하고 새싹들을 더욱 축복해 주는 의미에서 리본을 달아 포인트를 준다.

The First Week of May :
Third Sunday of Easter (Children's Sunday)

- **Theme** : Life Inside the Light of Resurrection
- **Scripture** : Ac 2 : 14
  Lk 24 : 13~35
  Ipe 1 : 17~23
- Through him you believe in God, who raised him from the dead and glorified him, and so your faith and hope are in God.
- **Materials** : Paper bush / Dianthus starlight / Bridal werath / Selloum philodendron
- **Flower Language** :
  · Bridal werath : Commendable
- **Meaning** : Children are our hope. They are the leaders of tomorrow. Children's dreams are expressed by a balloon.
- **Directions** :
  1. Insert paper bush naturally and vertically. Then insert Bridal werath and Selloum philodendron in the lower parts.
  2. Add Diantus starlight in the center.
  3. Hang a balloon to represent the world in agreement. Tie a ribbon to wish more blessings on the buds.

5월 둘째주 : 부활절후 넷째주일
(어버이주일)

● 주제 : 어머니의 법도
● 말씀 : 행　2 : 42～47
　　　　요 10 : 1～10
　　　　시 23편
● 여호와는 나의 목자이시니 내게 부족함이
　없으리로다.
● 소재 : 삼지목나무(탈색) 1단/흰 스치로폴 3단
　/핑크 스치로폴 3단/빨강 카네이션 1단/
　/흰 카네이션 1단/엔젤 1단/
　몬스테라 3잎
● 꽃말 : • 카네이션 : 어머님사랑
● 의도 : 주고 또 주어도 주고싶은 그 넓고 많은
　헤아릴 수 없는 어버이사랑 이것이 곧
　하나님이 우리에 대한 사랑이다.
● 순서 : 1. 흰색, 핑크색 스치로폴을 짧게 잘라
　　　　그림처럼 삼지목에 달았다.
　　　2. 빨강 카네이션과 흰색카네이션으로
　　　　중앙에 모아 퍼지게 꽂는다.
　　　3. 몬스테라로 산만함과 허전한 곳을
　　　　커버해 준다.

The Second Week of May :
Four th Sunday of Easter(Parents'
Sunday)

● **Theme** : Mother's Laws
● **Scripture** : Ac 2 : 42～47
　　　　Jn 10 : 1～10
　　　　Ps 23
● THE LORD is my shephered, I shall not
　be in want.
● **Materials** : Paper bush /Foaming balls /
　　　　Dianthus / Angel
● **Flower Language** :
　· Dianthus : Mother's Love
● **Meaning** : A farther's love which always
　want to give is like that of our Heavenly
　Father's love for us.
● **Directions** :
　1. Cut white and pink Foaming balls
　　shortly and hang them like picture
　　frames onto Paper bush.
　2. This is the day to give thanks for the
　　kindness of parents.　Gather red and
　　white Dianthus in the center and insert
　　them widely.
　3. Insert Monstera to cover any looseness
　　or empty space.

5월 셋째주 : 부활절후 다섯째주일

● 주제 : 하나님 백성
● 말씀 : 행 7 : 55~60
　　　　요 14 : 1~14
　　　　벧전 2 : 2~10
● 너희는 마음에 근심하지 말라. 하나님을
　믿으니 또 나를 믿으라.
● 소재 : 쥐땅나무 1~2단/백합 1단/
　　　　핑크 장미 1단/몬스테라 1잎
● 꽃말 : • 백합 : 순결　 • 장미 : 열열한 사랑
● 의도 : 순결하지 않고는 하나님의 백성이 될 수
　　　　없듯이 믿음과 소망과 사랑이 한 선을
　　　　이루어 영원한 하나님 백성이 되었으면
　　　　하는 마음으로 구성해 보았다.
● 순서 : 1. 쥐땅나무의 곡선을 살려 평화롭게
　　　　　꽂는다.
　　　　2. 백합을 오른쪽으로 치중하여
　　　　　시원하게 꽂는다.
　　　　3. 장미는 중앙에 꽂고 몬스테라로
　　　　　산만한 느낌을 커버해 준다.

The Third Week of May : Fifth Sunday of Easter

• **Theme** : God's People
• **Scripture** : Ac 7 : 55~60
　　　　　　　Jn 14 : 1~14
　　　　　　　Ipe 2 : 2~10
• **Materials** : Border privet /
　　　　　　　Lilium longlflorum /
　　　　　　　Rosa /Monstera
• **Flower Language** :
　· Lilium longiflorum : Chastity
　· Rosa : Burning love
• **Meaning** : God's people are pure at heart
　with integrity. This flower arrangement
　expresses a wish that faith, hope and love
　become one to form an everlasting God's
　Kingdom and His people.
• **Directions** :
　1. Peacefully insert Border privet, giving
　　life to its flowing lines.
　2. Put an emphasis on Lilium longlflorum
　　by inserting them refreshingly on the
　　right side.
　3. Insert Rosas in the center and add
　　Monstera to cover any loose
　　impressions.

5월 넷째주 : 부활절후 여섯째주일

● **주제** : 성도들의 생활 속에 역사하시는 성령
● **말씀** : 행 17 : 22~3
　　　　요 14 : 15~21
　　　　벧전 3 : 13~22
● 너희 마음 속에 그리스도를 주로 삼아
　　　거룩하게 하고 너희 속에 있는 소망에
　　　관한 이유를 묻는 자에게는 대답할 것을
　　　예비하되 온유와 두려움으로 하고
● **소재** : 소철(小) 4잎/거베라 2단/
　　　　후리지어 2단
● **꽃말** : • 소철 : 강정　• 거베라(적) : 신비
　　　　• 후리지아 : 청향
● **의도** : 강한 믿음의 의지로써 우리는 세상의
　　　　유혹을 이길 수 있다. 마음을 비워 주님
　　　　말씀을 가득 채우고 늘 성령이
　　　　역사하시는 대로 순종하며 살아가자.
● **순서** : 1. 소철로 곡선을 만들어 전체의 틀을
　　　　　구성한다.
　　　　2. 거베라를 중앙에 볼륨있게 모아 꽂고
　　　　　사이사이에 후리지어를 꽂는다.

The Fourth Week of May : Sixth Sunday of Easter

● **Theme** : The Holy Spirit Is Working
　　　　　Through the Lives of Believers
● **Scripture** : Ac 17 : 22~3
　　　　　　Jn 14 : 15~21
　　　　　　Ipe 3 : 13~22
● But in your hearts set apart Christ as
　Lord. Always be prepaed to give an
　answer to everyone who asks you to give
　the reason for the hope that you have.
　But do this with gentleness and respect.
● **Materials** : Cycad /Gerbera /Freesia
● **Flower Language** :
　· Cycad : Emotion
　· Gerbera : Mystery
　· Freesia : Noble fragrance
● **Meaning** : The world's tempation can be
　overcome through reliance on strong
　faith. By emptying our hearts and filling
　up with His Words, we can obey the Holy
　Spirit working within us.
● **Directions** :
　1. Make an outline for the framework by
　　shaping Cycad according to its flowing
　　lines.
　2. Give volume to the piece by inserting
　　Gerberas in the center. Add Freesias
　　between Gerberas.

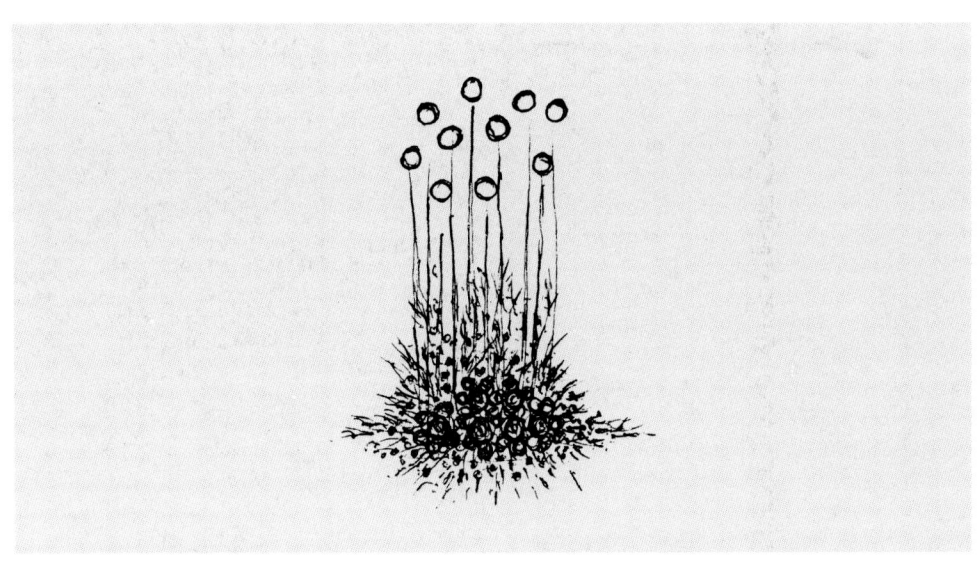

5월 다섯째주일 : 부활절후 일곱째주일

- ●주제 : 흔들리지 않는 신앙
- ●말씀 : 행 1 : 6~14
  요 17 : 1~11
  시 68 : 1~10
- ●오직 성령이 너희에게 임하시면 너희가 권능을 받고 예루살렘과 온유대와 사마리아 땅끝까지 이르러 내 증인이 되리라.
- ●소재 : 알리움 20대/해바라기 2단/ 소국 (자) 2단/카스피아 1단
- ●꽃말 : • 해바라기 : 숭고
  • 국화 : 절개
- ●의도 : 빛은 생명이다. 인류의 구원자이신 빛의 하나님을 바라보는 의지의 삶은 어 어느 유혹이 와도 흔들리지 않는다.
- ●순서 : 1. 알리움을 길고 짧게 가지런히 세워 꽂는다.
  2. 해바라기는 짧게 아래부분에 알 알리움을 받쳐 주는것처럼 꽂는다.
  3. 소국은 해바라기 사이사이에 길고 짧게 꽂고 카스피아로 분위기를 부드럽게 해 준다.

The Fifth Week of May : Seventh Sunday of Easter

- **Theme** : The Faith That Won't Shake
- **Scripture** : Ac 1 : 6~14
  Jn 17 : 1~11
  ps 68 : 1~10
- But you will receive power when the Holy Spirit comes on you; and you will be my witnesses in Jerusalem, and in all judea and Samaria, and to the ends of the earth.
- **Materials** : Allium / Sunflower / Chrysanthemum / Statice caspia
- **Flower Language** :
  · Sunflower : Nobleness
  · Chrysanthemum : Integrity
- **Meaning** : God is the light and the life of the world. Whoever looks up to that light of salvation in times of tempation will not be shaken.
- **Directions** :
  1. Insert short and long stems of Allium upright and evenly.
  2. Add short stems of Sunflower in the bottom as if they were supporting the Allium.
  3. Insert short and long stems of small Chrysanthemum between Sunflowers and add Statice caspia, giving a soft look.

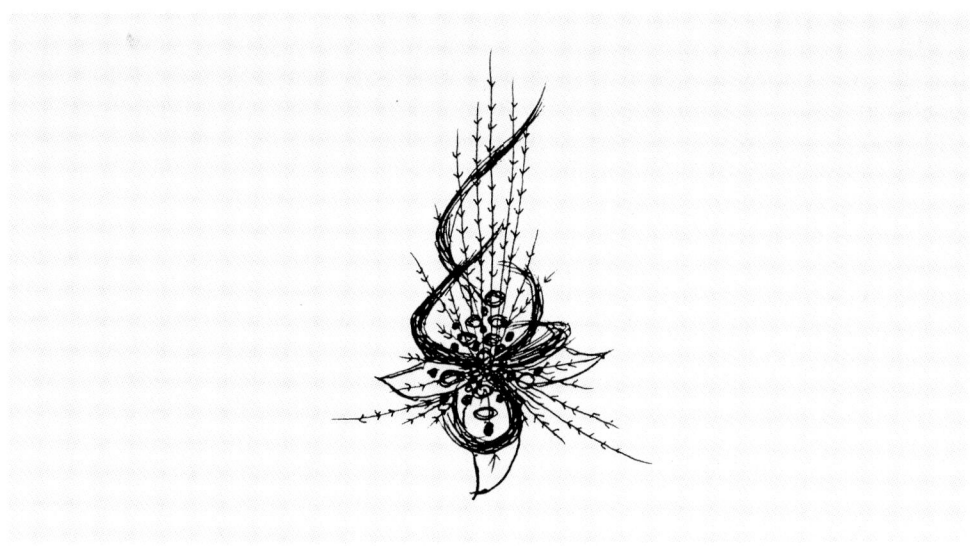

6월 첫째주 : 성령강림주일

● 주제 : 성령의 강림
● 말씀 : 사 44 : 1~8
　　　　요 20 : 19~23
　　　　행 2 : 1~11
　　　　시 104 : 24~34
● 홀연히 하늘로부터 급하고 강한 바람같은
　소리가 있어 저희 앉은 온 집에 가득하며 불의
　혀같이 갈라지는 것이 저희에게 보여 각 사람
　위에 임하였더니.
● 소재 : 적색 글라디올러스 1단/
　　　　빨간 착색 댑싸리 2단/
　　　　주홍 거베라 5송이/셀렘 3잎
● 꽃말 : • 글라디올러스 : 승리
　　　　• 거베라 : 신비
● 의도 : 성령이 함께 하시므로 우리는 구원의
　　　　확신속에서 증거하며 기뻐하며
　　　　소망속에 살아간다.
● 순서 : 1. 댑싸리로 성령의 불을 표현했고
　　　　　글라디올러스로 성령의 역사의
　　　　　성취감을 표현했다. 거베라로 그
　　　　　신비스러운 성령의 강림을 표현했고
　　　　　장미로 주의 뜨거운 사랑을 표현했다.
　　　　2. 글라디올러스로 변형 삼각형이 되도록
　　　　　꽂는다.
　　　　3. 댑싸리에 물을 약간 뿌려 원하는
　　　　　스타일로 만들어 꽂는다.
　　　　4. 거베라를 중앙에 모아 꽂고
　　　　사사이사이에 장미를 꽂는다.

The First Week of June :
Pentecost Sunday

● **Theme** : Descending of the Holy Spirit
● **Scripture** : Is 44 : 1~8
　　　　　　　　Jn 20 : 19~23
　　　　　　　　Ac 2 : 1~11
　　　　　　　　Ps 104 : 24~34
● Suddenly a sound like the blowing of
　violent wind came from heaven and filled
　the whole house where they wer sitting.
● **Materials** : Gladiolus / Belvedere /
　　　　　　　　Gerbera /
　　　　　　　　Selloum philodendron
● **Flower Language** :
　· Gladiolus : Victory
　· Gerbera : Mystery
● **Meaning** : With the Holy Spirit and a
　conviction of personal salvation, we can
　live with hope and become witnesses.
● **Directions** :
　1. Belvedere symbolizes the fire of the
　　Holy Spirit and Gladiolus symbolizes
　　the fulfillment of the work of the Holy
　　Spirit. Gerbera symbolizes the
　　mysteriousness of the Holy Spirit
　　descending upon us and the Rose
　　symbolizes Lord's burning love for us.
　2. Insert Gladiolus in a shape of a tripod.
　3. Sprinkle some water on Belvedere
　　shaping and inserting them into a
　　desirable style.
　4. Insert Gerbera collectively in the
　　center and add Roses between them.

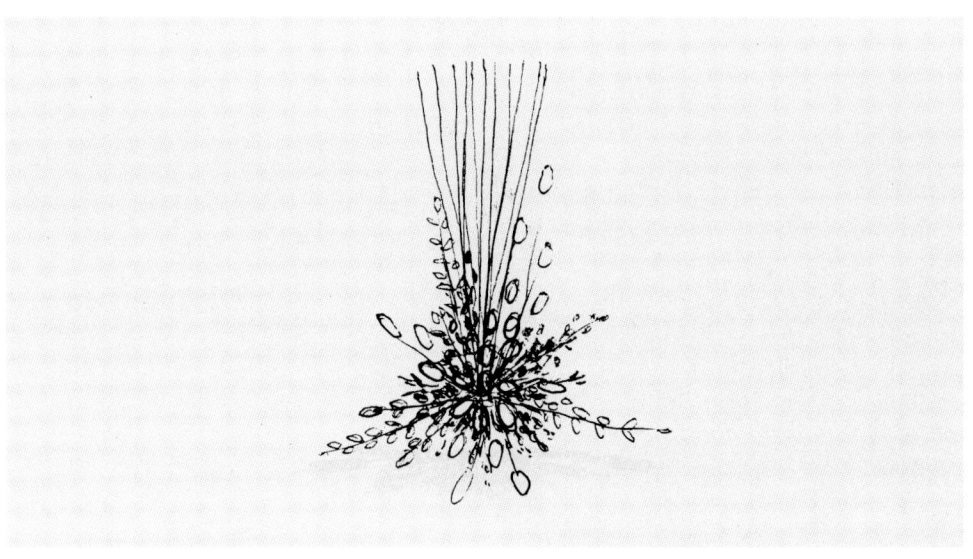

6월 둘째주 : 삼위일체주일

- ●주제 : 나와 삼위일체
- ●말씀 : 신 4 : 32~40
  마 28 : 16~20
  고후 13 : 5~13
  시 33 : 1~2 12
- ●그러므로 너희는 가서 모든 족속으로 제자를
  삼아 아버지와 아들과 성령의 이름으로
  세례를 주고.
- ●소재 : 용수초 5단/꽃창포 1단/
  노랑스타치스 조금/둥근레 잎 2단
- ●꽃말 : •꽃창포 : 기쁜 소식, 우아한 마음
- ●의도 : 삼위일체되는 성령 안에서 늘 성령이
  충만한 기쁨을 누리시길 바라는
  마음으로 그리고 초여름의 시원함과
  삼위일체주일의 예전색깔과 일치해
  보았다.
- ●순서 : 1. 용수초를 원하는 부피만큼 한데 묶어
  위쪽이 퍼지도록 꽂는다.
  2. 창포를 길고 짧게 시원스럽게 꽂는다.
  3. 스타치스로 분위기를 살려 준다.
  4. 둥그레 잎으로 운치있게 마무리한다.

The Second Week of June :
Trinity Sunday

- **Theme** : The Trinity and I
- **Scripture** : Dt 4 : 32~40
  Mt 28 : 16~20
  2Co 13 : 5~13
  Ps 33 : 12~22
- Therefore go and make disciples of all
  nations, baptizing them in the name of
  the Father and of the Son and of the Holy
  Spirt.
- **Materials** : Ficus retusa /Iris ensata /
  Limonium sinuatum
- **Flower Language** :
  · Iris ensata : Good news, elegance
- **Meaning** : Be blessed with the Holy
  Spirit and be joyful. Special colors are
  used in accordance with the coolness from
  early summer season and the Trinity
  Sunday.
- **Directions** :
  1. Tie in a bundle Ficus refusa according
  to a desirable volume and insert them in
  the top part, spreading them out.
  2. Insert short and long Iris ensata lightly.
  3. Give life to the arrangement by adding
  Limonium sinuatum.
  4. Put finishing touches by tastefully
  inserting Naruko lilies.

6월 셋째주 : 성령강림절후 두째주일

● 주제 : 믿음과 행함
● 말씀 : 창 12 : 1~9
　　　　마 7 : 21~29
　　　　롬 3 : 21~28
　　　　시 33 : 12~22
● 내가 너로 큰 민족을 이루고 네게 복을 주어
　네 이름을 창대케 하리니 너는 복의 근원이
　될지라.
● 소재 : 부들 4단/붉은 장미 2단/
　　　　네피로네피스 1단/
● 꽃말 : • 부들 : 온순
　　　　• 붉은 장미 : 열열한 사랑
● 의도 : 하나님을 경외하고 순종하므로 우리의
　　　　삶은 축복을 받아 풍요로운 삶을 누리고
　　　　있다. 5, 6월이면 강가에 서식하는
　　　　부들을 빛처럼 사방으로 꽂고 붉은
　　　　장미로 포인트를 주었다.
● 순서 : 1. 부들은 잎을 제거하여 깔끔하게
　　　　　선이 교차되지 않도록 삼각구성을
　　　　　이루며 꽂는다.
　　　　2. 사이사이 네피로네피스를 꽂아 준다.
　　　　3. 장미는 중앙에 모으면서 퍼지게 꽂
　　　　　꽂는다.

The Third Week of June :
Third Sunday after Pentecost

● **Theme** : Faith and Action
● **Scripture** : Ge 12 : 1~9
　　　　　　Mt 7 : 21~29
　　　　　　Ro 3 : 21~28
　　　　　　Ps 33 : 12~22
● I will make you into a great nation and I
　will bless you; I will make your name
　great, and you will be ablessing.
● **Materials** : Great cat's tail / Rose /
　　　　　　Nephrolepis
● **Flower Language** :
　· Great cat's tail : Gentleness
　· Rose : Burning love
● **Meaning** : Our lives are abundantly
　blessed because we obey and follow God.
　The Great cat's tail, which inhibit the
　riverside during the months of May and
　June, are inserted in all directions like a
　ray of light. Red Roses are used with a
　point to give a special meaning for the
　continuance of Pentecost.
● **Directions** :
　1. Remove any leafs on Great cat's tail.
　　Then insert them neatly into a shape of
　　tripod without crossing the lines.
　2. Insert short and long stems of
　　Nephrolepis between Great cat's tail.
　3. Add Roses starting in the middle and
　　then spreading them out to the side.

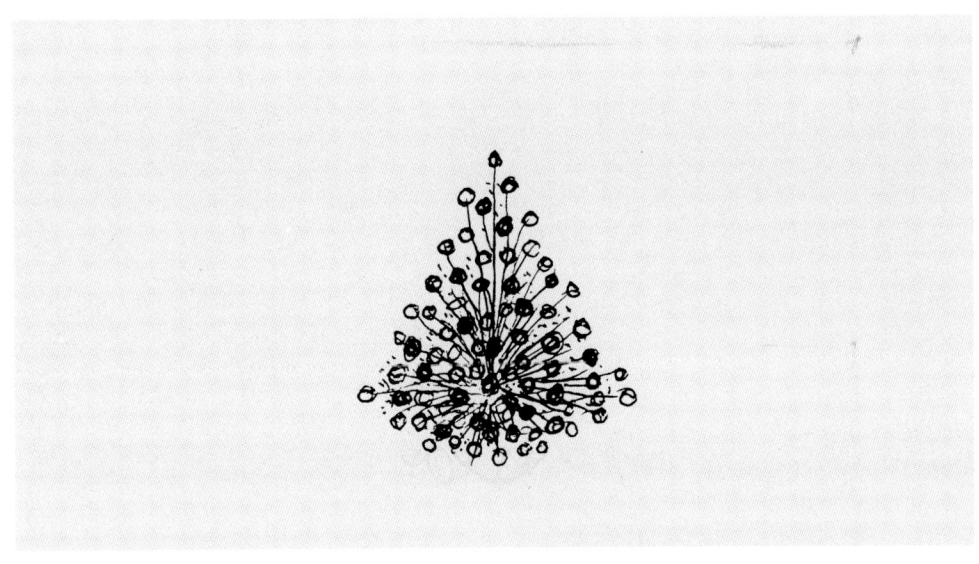

6월 넷째주 : 성령강림절후 세째주일

- ●주제 : 믿음과 헌신
- ●말씀 : 창 23 : 1~8
  마 9 : 9~13
  롬 4 : 13~18
  시 13
- ●네 씨로 말미암아 천하만민이 복을 얻으리니
  이는 너의 말을 준행하였음이라 하셨다 하니라.
- ●소재 : 코데티아 5단/
  냉이 5단
- ●꽃말 : ·코데티아 : 사랑함
- ●의도 : 코데티아의 아름다움을 더욱 돋보이기
  위해 한종류 꽃으로만 꽂았다.
  믿음과 헌신으로 내 이웃까지도
  구원받는 성도의 참된 길을 가시길
  바라는 마음에서 구성해 보았다.
- ●순서 : 1. 코데티아의 잎을 제거하여 길고 짧게
  삼각구성이 되도록 꽂는다.
  2. 냉이를 사이사이에 꽂는다.

The Fourth Week of June :
Fourth Sunday after Pentecost

- • **Theme** : Faith and Devotion
- • **Scripture** : Ge 23 : 1~8
  Mt 9 : 9~13
  Ro 4 : 13~18
  Pe 13
- • and through your offspring all nations on
  earth will be blessed, because you have
  obeyed me.
- • **Materials** : Farewell-to-Spring /
  Shepherd's purse
- • **Flower Language** :
  · Farewell-to-Spring : Loving
- • **Meaning** : This flower arrangement is
  done in a Western style using only flowers
  to emphasize the beautiful
  Farewell-to-Spring. Disciples of Christ
  walk on the Way of Truth and bring even
  his neighbors to the Lord by faith and
  devotion.
- • **Directions** :
  1. Cut the leafs of Farewell-to-Spring and
  insert them in a shape of a tripod.
  2. Insert Shepherd's purse between
  Farewell-to-Spring.

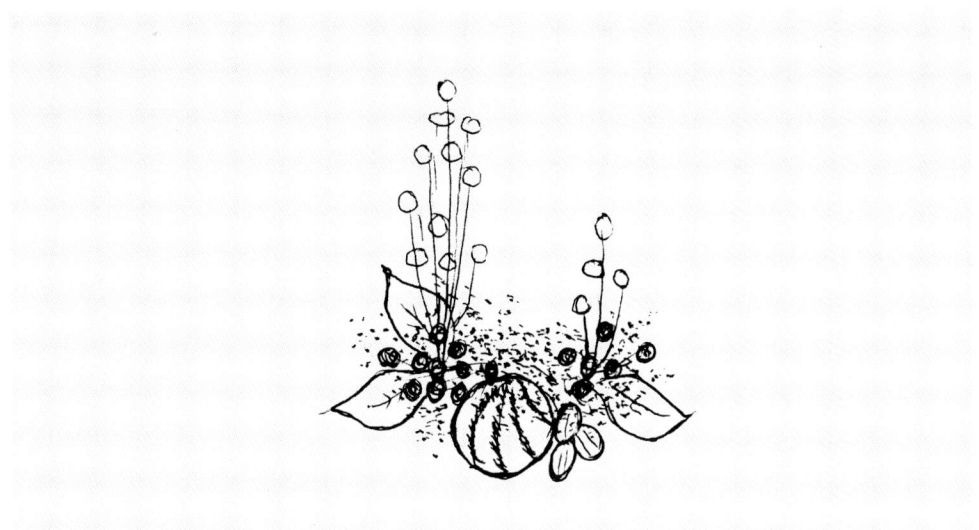

7월 첫째주 : 성령강림절후 네째주일

- ● 주제 : 사랑을 받는 자의 사명
- ● 소재 : 알리움 2단/셀리잎 3잎/
  거베라 1단/나리(노랑) 2단/
  안개(노랑착색) 1단
- ● 꽃말 : ・ 거베라 : 신비
  ・ 안개 : 품위
- ● 의도 : 주님의 사역은 신비롭다.
  맥주절이기도 한 이 주일에 꽃과 과일을
  조화시켜 꽃꽂이를 해 보는 것도 새로운
  감각을 주며 맥주절 의미도 살려준다.
- ● 순서 : 1. 알리움을 분리하여 왼쪽은 크게
  바른쪽은 적게 틀을 구성한다.
  2. 거베라와 나리도 1/3비율로 양쪽이
  조화있게 꽂는다.
  3. 중앙에 수박과 참외를 놓고 안개로
  분위기를 살린다.
  4. 전체가 한구성이 되도록 잎처리를
  해 준다.

The First Week of July :
Fifth Sunday after Pentecost

- **Theme** : Duty for Those Who Are Loved
- But God demonstrates his own love for us
  in this : While we were still sinners, christ
  died for us.
- **Materials** : Allumgigasteum /
  Gypsophila / Gerbera /
  Selloum philodendron
- **Flower Language** :
  · Gerbera : Mystery
  · Gypsophila : Grace
- **Meaning** : The Lord works in a
  mysterious way. This Sunday is like the
  Thanksgiving Day for the people of
  Israel. The harmonious usage of flowers
  and fruits create a new sensation, giving
  life to the meaning of Israel's
  Thanksgiving Day.
- **Directions** :
  1. Separate Allum gigasteum, creating a
     large framework to the left and a
     smaller framework to the right.
  2. Insert Gerbera harmoniously to give
     life.
  3. Add Watermelon and Musk melon in
     the center. Insert Gypsophila, giving
     life to its floweing lines.
  4. Put finishing touches, using the leafs in
     order for the arrangement to become
     one whole piece.

7월 둘째주 : 성령강림절후 다섯째주일

● **주제** : 죄사함을 받는 여인
● **말씀** : 왕상 19 : 1~8
　　　　　갈 2 : 15
　　　　　눅 7 : 36~8 : 3
● 너는 내 머리에 감람유를 붓지 아니하였으되
　저는 향유를 내발에 부었느니라. 이러므로
　내가 네게 말하노니 저의 죄가 사하여졌도다.
　이는 저의 사랑함이 많음이라. 이에 여자에게
　이르시되 네 죄 사함을 얻었느니라 하시니
● **소재** : 수수깡(옥색) 1단/신지매 2~5단/
　　　　　명자백합 1~2단
● **의도** : 회개하고 마음을 비워 주님을 영접할때,
　　　　　우리는 죄사함을 받는다.
● **순서** : 1. 수수깡을 길고 짧게 구성하여
　　　　　　　변형사각을 테이프나 할핀으로 고
　　　　　　　정시켜 멋을 낸다.
　　　　　2. 위의 틀과 조화되도록 신지매로
　　　　　　　밑처리를 한 다음 중앙에 백합으로
　　　　　　　마무리한다.

The Second Week of July :
Sixth Sunday after Pentecost

● **Theme** : The Woman Whose Sins Were
　　　　　　Forgiven
● **Scripture** : 1k 19 : 1~8
　　　　　　　Gal 2 : 15
　　　　　　　Lk 7 : 36~8 : 3
● You did not put oil on my head, but she
　has poured perfume on my feet.
　There-fore, I tell you, her many sins have
　been forgiven—for she loved much.　But
　he who has been for-given little loves
　little.
　Then Jesus said to her, Your sins are
　for-given.

● **Materials** : Indian millet /False spirea /
　　　　　　　Lilium longiflorum
● **Meaning** : Our sins are forgiven when we
　repent, empty our hearts, and receive the
　Lord.
● **Directions** :
　1. Bend Indian millet into a desirable
　　　shape, making short and long lines.　Fix
　　　the quadrangle with some tape or a pin.
　2. Take care of the bottom part with False
　　　spirea, inserting them harmoniously
　　　with the quadrangle.　Put a finishing
　　　touch by inserting Lilium longiflorum in
　　　the center.

7월 셋째주 : 성령강림절후 여섯째주일

- **주제** : 하나님의 음성
- **말씀** : 왕상 19 : 9~14
  갈 3 : 23~29
  눅 9 : 18~24
- 또 무리에게 이르시되 아무든지 나를 따라
  오려거든 자기를 부인하고 날마다 제 십자가를
  지고 나를 쫓을 것이니라. 누구든지 제 목숨을
  구원코자 하면 잃을 것이요 누구든지 나를
  위하여 제 목숨을 잃으면 구원하리라.
- **소재** : 백공작 3~5단/
  라인 (플라스틱) 붉은색이나 초록색 2개
  /장미 (진핑크) 3~5단
- **의도** : 온전히 마음을 드릴때 하나님의 음성을
  들을수 있다.
- **순서** : 1. 밑을 백공작으로 평면이 되도록 꽂고
  위로 세운 백공작은 거의 수직이
  되도록 꽂아 양 옆면이 공간이
  생기도록 한다.
  2. 라인으로 분위기를 살려 공간처리를
  한 다음, 장미를 길고 짧게 꽂는다.

The Third Week of July : Seventh Sunday after Pentecost

- **Theme** : God's Voice
- **Scripture** : 1Ki 19 : 9~14
  Gal 3 : 23~29
  Lk 9 : 18~24
- Then he said to them all : If anyone would
  come after me, he must deny himself and
  take up his cross daily and follow me. For
  whoever wants to save his life will lose it,
  but whoever loses his life for me will save
  it.
- **Materials** : Rose /Peacoke peafowl /
  lines
- **Meaning** : We can hear God's voice if we
  sincerely give ourselves to Him.
- **Directions** :
  1. Insert white Peacoke peafowl
  horizontally on the bottom and
  vertically at right angles, leaving space
  on both sides.
  2. Fill in with plastic lines and insert short
  and long stems of Roses.

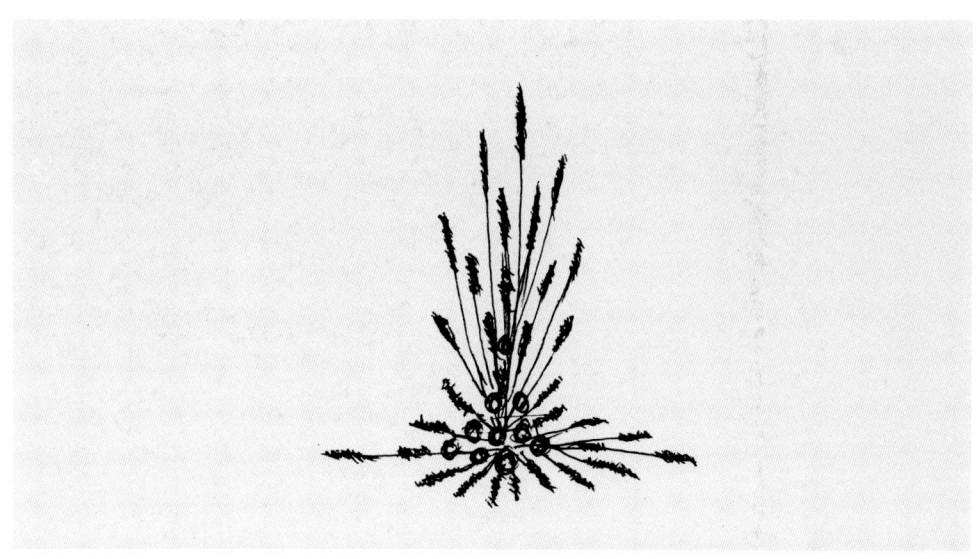

7월 넷째주 : 성령강림절후 일곱째주일

● 주제 : 예수를 따르는 자의 자세
● 말씀 : 왕상 19 : 15~21
　　　　 갈 5 : 1~13
　　　　 눅 9 : 51~62
● 주여 내가 주를 쫓겠나이다마는 나로 먼저
　 내 가족을 작별케 허락하소서. 예수께서
　 이르시되 손에 쟁기를 잡고 뒤를 돌아보는
　 자는 하나님의 나라에 합당치 아니하리라.
● 소재 : 리아트리스 3~5단/거베라(노랑) 2단
● 의도 : 예수를 따르는 자세는 겸손과 온유로
　　　　 순종하며 말씀대로 살아가는 것이다.
● 순서 : 1. 리아트리스로 변형 삼각이 되도록
　　　　　 구성한다.
　　　　 2. 중앙에 거베라를 볼륨있게 꽂는다.

The Fourth Week of July : Eight Sunday after Pentecost

● **Theme** : The Attitude of Jesus' Followers
● **Scripture** : 1Ki 19 : 15~21
　　　　　　　　 Gal 5 : 1~13
　　　　　　　　 Lk 9 : 51~62
● I will follow you, Lord ; but first let me go
　 back and say good-by to my family.
　 Jesus replied, No one who puts his hand
　 to the plow and looks back is fit for
　 service in the kingdom of God.
● **Materials** : Liatris 'Callilepis' / Gerbera
● **Meaning** : Our attitude when following
　 Jesus should be reflected by humbleness,
　 gentleness, and obedience, living in
　 accordance with the Word.
● **Directions** :
　 1. Shape Liatris 'Callilepis' into a tripod.
　　　By employing space, the arrangement
　　　leaves a refreshing feeling during the
　　　hot summer season.
　 2. Insert Gerberas in the center with
　　　volume.

8월 첫째주 : 성령강림절후 여덟째주일

● 주제 : 하나님의 일꾼
● 말씀 : 왕상 21 : 1~3, 17~21
　　　　갈 6 : 7~18
　　　　눅 10 : 1~12, 17~20
● 그리스도 예수 안에서는 할례나 무할례가
　효력이 없되 사랑으로서 역사하는 믿음
　뿐이니라.
● 소재 : 청쥐땅나무 1~2단/멍게 1단
　　　　국화(황) 1단/소국(자) 1단
● 순서 : 1. 청쥐땅나무를 자연스럽게 꽂는다.
　　　　　하나님의 일꾼은 늘 부지런하며 주의
　　　　　명령대로 살아가는 것이다.
　　　　2. 멍게를 왼쪽으로 늘어뜨리고 중앙에
　　　　　국화 꽂는다. 부분적으로 소국을
　　　　　곁들인다.

The First Week of August :
Ninth Sunday after Pentecost

● **Theme** : God's Servant
● **Scripture** : 1Ki 21 : 1~3, 17~21
　　　　　　　　Gal 6 : 7~18
　　　　　　　　Lk 10 : 1~12, 17~20
● He who listens to you listens to me he
　who rejects you rejects me ; but he who
　rejects merejects him who sent me.
● **Materials** : False spirea /Green brier /
　　　　　　　　Chrysanthemum
● **Meaning** : God's servant is always
　diligent and lives according to the Lord's
　commands.
● **Directions** :
　1. Insert False spirea naturally.
　2. Stretch out Green brier to the lower left
　　and insert Chrysanthemum in the
　　center. Garnish partially with small
　　Chrysanthemum.

8월 둘째주 : 성령강림절후 아홉째주일

● 주제 : 나라사랑과 눈물의 기도
● 말씀 : 느 1 : 1~11
　　　　롬 8 : 28~30
　　　　요 5 : 1~9
● 우리가 알거니와 하나님을 사랑하는 자 곧
그 뜻대로 부르심을 입은 자들에게는 모든
것이 협력하여 선을 이루느니라.
● 소재 : 글라디올러스 2~3단
　　　　진달래나무 1단
　　　　무궁화 50대
● 순서 : 1. 글라디올러스로 안정감있게 꽂는다.
　　　　2. 진달래 곡선을 살려 조화있게 꽂는다.
　　　　3. 중앙에 무궁화를 모아 퍼지게 꽂는다.

The Second Week of August :
Tenth Sunday after Pentecost

● **Theme** : Love for a Country and Tearful
　　　　　 Prayers
● **Scripture** : Ne 1 : 1~11
　　　　　　　Ro 8 : 28~30
　　　　　　　Jn 5 : 1~9
● And we know that in all things God works
for the good of those wholove him, who
have been called according to his
purpose.
● **Materials** : Gladiolus /
　　　　　　 Korean rhododendron /
　　　　　　 Rose of sharon
● Directions :
　1. Insert Gladiolus with a sense of
　　security.
　2. Give life to the flowing lines of Korean
　　rhododendron by inserting them
　　naturally.
　3. Collect Rose of sharon in the center and
　　insert them broadly.

8월 셋째주 : 성령강림절후 열째주일

● 주제 : 주를 섬기는 삶
● 말씀 : 왕하 4 : 8~17
　　　　골 1 : 21~29
　　　　눅 10 : 3, 8~12
● 우리가 그를 전파하여 각 사람을 권하고 모든
　지혜로 각 사람을 가르침은 각 사람을
　그리스도 안에서 완전한 자로 세우려 함이니
　이를 위하여 나도 내속에서 능력으로 역사
　하시는 이의 역사를 따라 힘을 다하여 수고
　함이라.
● 소재 : 밤나무 2단/맨드라미 3단
　　　　소국(노랑) 2단
● 의도 : 주를 섬기는 삶은 축복의 삶이다.
　　　　어려움과 시험이 있을지라도 기쁨으로
　　　　견디는자는 생명의 면류관을 쓰리라.
　　　　밤나무로 말씀을 표현해 보았다.
● 순서 : 1. 밤나무 가지를 잘 정리하여 꽂는다.
　　　　2. 맨드라미를 모아 중앙에 꽂고
　　　　　 부분적으로 소국을 곁들인다.

The Third Week of August :
Eleventh Sunday after Pentecost

● **Theme** : Serving the Lord
● **Scripture** : 2Ki 4 : 8~17
　　　　　　　 Gal 1 : 21~29
　　　　　　　 Lk 10 : 3, 8~12
● We proclaim him, admonishing and
　teaching everyone with all wisdom, so
　that we may present everyone perect in
　Christ. To this end I labor, struggling
　with all his energy, which so powerflly
　works in me.
● **Materials** : Chesnut tree /
　　　　　　　 Common cockscombs /
　　　　　　　 Chrysanthemum
● **Meaning** : A life that serves the Lord is a
　blessed life. Despite adversity and
　temptation, those who persevere with
　gladness will adorn a crown of life. The
　Chestnut tree represents this message.
● **Directions** :
　1. Adjust leafs on Chestnut tree well and
　　 insert them.
　2. Collect and insert Common cockscombs
　　 in the center and add lonesome places.

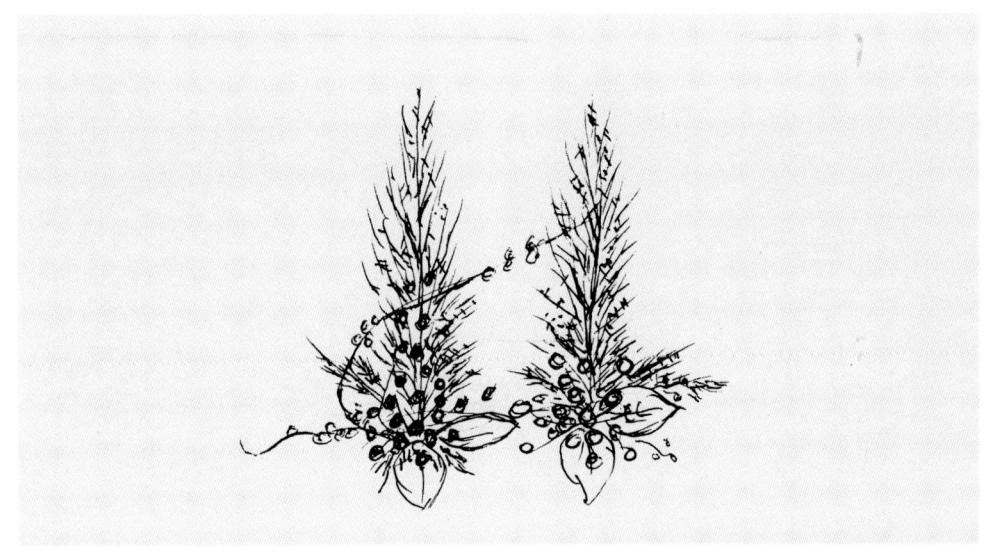

8월 넷째주 : 성령강림절후 열한째주일

● **주제** : 응답받는 생활
● **말씀** : 왕하 5 : 1~15
　　　　　 골 2 : 6~15
　　　　　 눅 11 : 1~13
※ 그러므로 너희가 그리스도 예수를 주로
　 받았으니 그 안에서 행하되 그 안에 뿌리를
　 박으며 세움을 입어 교훈을 받은대로 믿음에
　 굳게 서서 감사함을 넘치게 하라.
● **소재** : 카스피아 4단
　　　　　 등라인 또는 으름나무 1단
　　　　　 몬스테라 5잎
　　　　　 시시안사스(핑크) 1단
　　　　　 시시안사스(보라) 1단
● **의도** : 눈으로 보이지 않는 하나님을 믿고
　　　　　 말씀대로 순종하며, 감사하며, 기뻐하며
　　　　　 살아갈때 우리는 하나님이 함께 하시는
　　　　　 것을 알 수 있다.
● **순서** : 1. 작품이 산만하지 않도록 주의하며,
　　　　　　 정갈하게 모아 꽂는다.
　　　　　 2. 가운데 공간을 두어 시원함을 살리고
　　　　　　 라인으로 분리형이 한 작품으로
　　　　　　 이루어짐을 느끼게 한다. 되도록
　　　　　　 평화스런 느낌이 들도록 꽂는다.

The Fourth Week of August : Twelfth Sunday after Pentecost

● **Theme** : Receiving Answers in Life
● **Scripture** : 2Ki 5 : 1~15
　　　　　　　 Gal 2 : 6~15
　　　　　　　 Lk 11 : 1~13
● So then, just as you received Christ Jesus as lord, continue to live in him rooted and built up in him, strengthened in the faith as you wer taught, and overflowing with thankfulness.
● **Materials** : Statice caspia / Monstera / Eustoma
● **Meaning** : We know that God is with us when we obey His commands and believe in God whom we cannot see.
● **Directions** :
　1. Insert neatly and properly, being careful not to arrange the work too distractingly.
　2. Leave space in the center to create a refreshing look and use a line to give an impression of interconnectedness to the disunioned format of the arrangement. Try to insert with a sense of peacefulness.

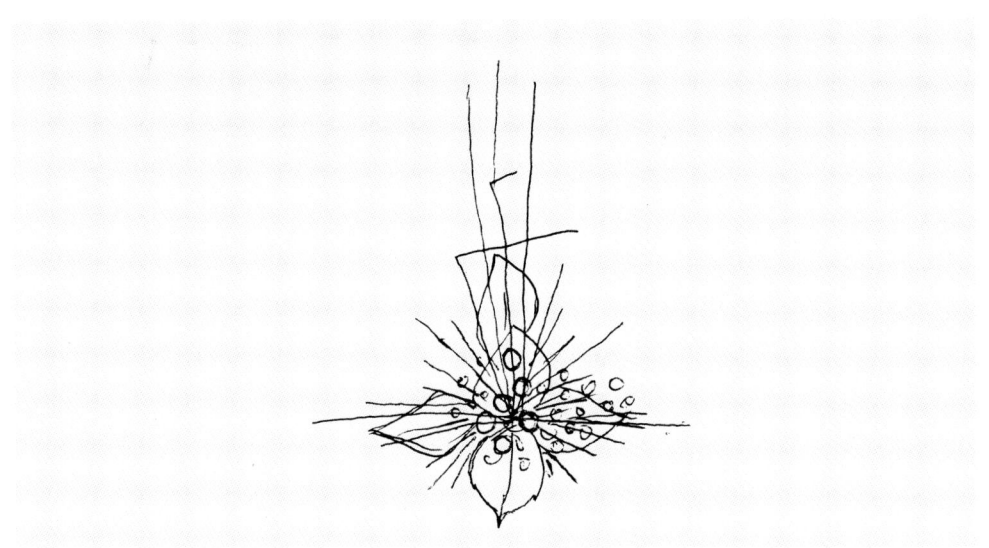

8월 다섯째주 : 성령강림절후 열두째주일

●주제 : 땅의 것을 생각지 말라
●말씀 : 왕하 13 : 14∼20
　　　　골 3 : 1∼11
　　　　눅 12 : 13∼21
※ 위엣 것을 생각하고 땅엣 것을 생각지 말라.
　이는 너희가 죽었고 너희 생명이 그리스도와
　함께 하나님 안에 감추었음이니라.
●소재 : 수수깡(흰색) 5단/몬스테라 5잎
　　　　스타케이지 2단/과꽃 1단
●의도 : 부귀와 명예도 마지막에는 모두 헛것
　　　　이요, 오직 우리의 소망은 하늘에 있다.
●순서 : 1. 수수깡을 가지런히 세우고 멋있게
　　　　　　틀을 구성한다.
　　　　2. 중앙에 스타케이지를 꽂고 화사한
　　　　　　느낌이 들도록 진핑크 과꽃을
　　　　　　곁들인다.

The Fifth Week of August : Thirteenth Sunday after Pentecost

• **Theme** : Set Your Mind Not on
　　　　　　Earthly Things
• **Scripture** : 2Ki 3 : 14∼20
　　　　　　　Gal 3 : 1∼11
　　　　　　　Lk 12 : 13∼21
• Set your minds on things above, not on
earthly things. For you died, and your
life is now hidden with Christ in Good.
• **Materials** : Indian millet / Monstera /
　　　　　　　Lilium 'star gazer' /
　　　　　　　China aster
• **Meaning** : Riches and honor are
meaningless. Our hope is only in Heaven.
• **Directions** :
1. Our hope is in Heaven. Stand Indian
millet upright and trimly, making a
stylish framework.
2. Insert Lilium 'star gazer' in the center
and garnish with bright pink China
aster to give a splendid impression.

9월 첫째주 : 성령강림절후 열세째주일

- **주제** : 도움을 주시는 하나님
- **말씀** : 출 16 : 2~15
  마 15 : 21~28
  롬 11 : 13~16, 29, 32
  시 78~1~3
- ●저녁에는 메추라기가 와서 진에 덮이고
  아침에는 진사면에 있더니
- **소재** : 수수 1~2단/화초도마도 1~2단
  황국 1단/도라세나 2대
- **의도** : 인간은 하나님의 섭리가 없이는 하루도
  살아갈 수가 없다. 늘 풍요함을 주시는
  하나님의 은총을 수수와 화초도마도로
  표현했다.
- **순서** : 1. 수수를 곧게 꽂는다.
  2. 화초도마도를 왼쪽으로 치중하여
  꽂는다.
  3. 국화를 중앙부터 바른쪽으로
  치중하여 꽂는다.
  4. 앞면과 옆면에 도라세나를 꽂아준다.

The First Week of September : Fourteenth Sunday after Pentecost

- **Theme** : The Helping God
- **Scripture** : Ge 16 : 2~15
  Mt 15 : 21~28
  Ro 11 : 13~16, 29, 32
  Ps 78~1~3
- That evening quail came and covered the camp, and in the morning there was a layer of dew around the camp.
- **Materials** : Solanum inter integrifoliumpoir / Chrysanthemum / Dracaena /Indian millet
- **Meaning** : Humans can not live even a day without God's Divine Providece. The Grace of God which always give abundantly is expressed by Indian millet and Solanum inter integrifoliumpoir.
- **Directions** :
  1. Insert Indian millet upright.
  2. Insert Solanum inter integrifoliumpoir tilted to the left.
  3. Starting from the center, insert Chrysanthemum and spread to the right.
  4. Add Dracaena.

9월 둘째주 : 성령강림절후 열네째주일

- ●**주제** : 깊고 오묘하신 하나님의 은총
- ●**말씀** : 출 17 : 1~7
  롬 11 : 33~36
  마 16 : 13~20
  시 : 95
- ●내가 천국의 열쇠를 네게 주리니 네가 땅에서 무엇이든지 매면 하늘에서도 매일 것이요, 네가 땅에서 무엇이든지 풀면 하늘에서도 풀리리라.
- ●**소재** : 과꽃 – 흰색 4단/진핑크색 4단/ 몬스테라 2잎
- ●**꽃말** : •과꽃 : 추상
  분홍 – 달콤한 꿈
- ●**의도** : 우리는 갖은 모양 여러가지 방법으로 하나님의 쓰임을 받는다. 여름부터 가을까지 계속하여 피고지는 친근감이 있는 과꽃만으로 구성해 보았다.
- ●**순서** : 1. 흰색으로 변형삼각형이 되도록 길고 짧게 꽂는다.
  2. 흰색과꽃과 마주보는것 같이 핑크색 과꽃도 꽂고 몬스테라는 앞면에 짧게 받쳐주는 것처럼 꽂는다.

The Second Week of September : Fifteenth Sunday after Pentecost

- **Theme** : God's Deep and Profound Blessing
- **Scripture** : Ge 17 : 1~7
  Ro 11 : 33~36
  Mt 16 : 13~20
  Ps 95
- I will give you the keys of the kingdom of heaven; whatever you bind on earth will be bound in heaven, and whatever you loose on earth will be loosed in heaven.
- **Materials** : Monstera / China aster
- **Flower Language** :
  China aster : Abstraction
  Pink : Sweet dream
- **Meaning** : God uses our talent in various ways. The arrangement is composed only with China asters which blossom from Summer to Fall and gives a sense of intimacy.
- **Directions** :
  1. Insert short and long stems of white China asters into a shape of a tripod.
  2. Likewise, insert short and long stems of pink China asters into a shape of a tripod, facing them towards the white China asters.
  3. Suppot with short stems of Monsteras on the bottom.

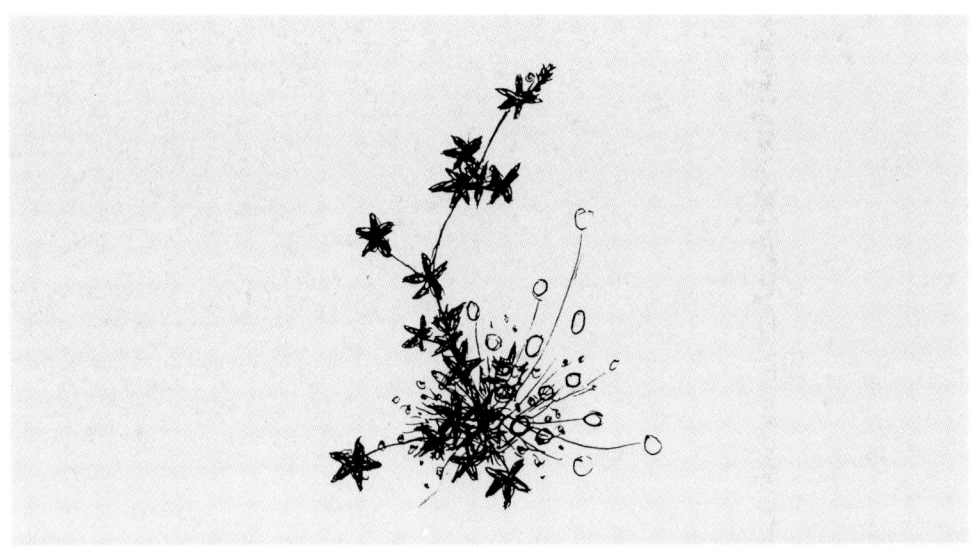

9월 셋째주 : 성령강림절후 열다섯째주일

● 주제 : 기독교인의 생활양식
● 말씀 : 출 19 : 9, 롬 12 : 1~13
　　　　마 16 : 21~28, 시 114
※ 아무든지 나를 따라 오려거든 자기를 부인
　하고 자기 십자가를 지고 나를 쫓을 것이니라.
● 소재 : 비파 1단/
　　　　흰국화 1단/귀부인 1단
● 꽃말 : • 국화 : 충실, 절개
　　　　• 비파 : 온화
● 의도 : 주님을 사모하며 신뢰하는 충실되고
　　　　온화한 사랑의 마음을 비파와 국화로
　　　　표현해 보았다.
● 순서 : 1. 비파의 곡선을 살려 꽂는다.
　　　　2. 국화를 시원스럽게 중앙에서
　　　　　 바른쪽으로 치중하여 꽂는다.
　　　　3. 허전한 곳에 귀부인을 꽂는다.

The Third Week of September : Sixteenth Sunday after Pentecost

● **Theme** : Christians' Bread of Life
● **Scripture** : Ex 19 : 9
　　　　　　　Ro 12 : 1~13
　　　　　　　Mt 16 : 21~28
　　　　　　　Ps 114
● Then Jesus said to his disciples, If anyone would come after me, he must deny himself and take up his cross and follow me.
● **Materials** : Eriobotrya japonica / Chrysanthemum
● **Flower Language** :
　· Chrysanthemum : Integrity
　· Eriobotrya japonica : Gentleness
● **Meaning** : The loveable and sincere mind that always adore and depend on God is symbolized by Eriobotrya japonica and Chrysanthemum.
● **Directions** :
　1. Give life to the lines of Eriobotrya japonica.
　2. Insert Chrysanthemum refreshingly from center to the right side.
　3. Add small Chrysanthemum in lonesome places.

9월 네째주 : 성령강림절후 열여섯째주일

● **주제** : 하나님의 중보자
● **말씀** : 출 19 : 16~24, 롬 13 : 1~10
　　　　 마 18 : 15~20, 시 115 : 1~11
※ 피차 사랑의 빚 외에는 아무에게든지 아무
　 빚도 지지 말라. 남을 사랑하는 자는 율법을
　 다 이루었느니라.
● **소재** : 꽈리 1~2단/노랑맨드라미 1단
　　　　 자색소국 1단/옆란 5잎
● **꽃말** : • 맨드라미 : 변하지 않는 사랑
　　　　 • 소국 : 절개
● **의도** : 꽈리와 맨드라미로 결실의 가을을
　　　　 나타내고 하나님의 중보자인 우리의
　　　　 삶을 꽈리로 표현해 보았다.
● **순서** : 1. 꽈리를 곧게 세우고 옆면으로도
　　　　　 꽂는다.
　　　　 2. 옆란으로 모양을 내어 꽂는다.
　　　　 3. 중앙에 맨드라미를 볼륨을 살려
　　　　　 꽂는다.
　　　　 4. 허전한 곳에 소국을 곁들인다.

The Fourth Week of September: Seventeenth Sunday after Pentecost

● **Theme** : God's Helper
● **Scripture** : Ex 19 : 16~24
　　　　　　 Ro 13 : 1~10
　　　　　　 Mt 18 : 150~20
　　　　　　 Ps 115 : 1~11
● Let no debt remain outesanding, except
　 the continuing debt to love one another,
　 for he who loves his fellowman has
　 fulifilled the law.
● **Materials** : Physalis alkekengi / Yellow –
　　　　　　 cockscoms / Chrysanthmum /
　　　　　　 Caot-ironplant
● **Flower Language** :
　 · Celosia argentea : Steadfast love
　 · Chrysanthemum : Intergrity
● **Meaning** : The Physalis alkekengi and
　 Celosia argentea display the fruit bearing
　 Fall and the Physalis alkekengi expresses
　 our life as a bridge to God.
● **Directions** :
　 1. Insert Physalis alkekengi upright and
　　 horizontally.
　 2. Adorn with Cast iron plant.
　 3. Give volume to Celosia argentea by
　　 inserting them in the center.
　 4. Decorate with small Chrysanthemum in
　　 empty spaces.

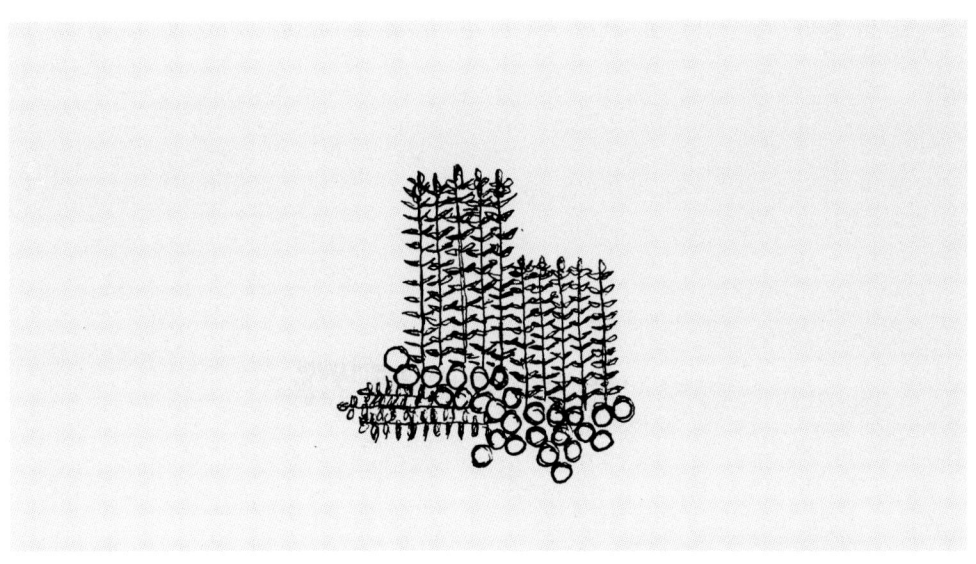

10월 첫째주 : 성령강림절후 열일곱째 주일

- 주제 : 율법과 용서
- 말씀 : 출 20 : 1~20
  마 18 : 21~35
  롬 14 : 5~12
  시 19 : 7~14
- 여호와의 교훈은 정직하며 마음을 기쁘게 하고 여호와의 계명은 순결하여 눈을 밝게 하도다.
- 소재 : 탑사철 3단/거베라(적색) .1단/
- 꽃말 • 거베라 : 신비
- 의도 : 한계단 한계단 하나님을 향하여
  달려가자 한잎 두잎 탑을 쌓아올리듯
  새잎을 내며 일년 열두달 푸른잎을
  지니고 곧게 자라는 탑사철로 하나님의
  율법과 우리의 믿음의 단계를 표현했다.
- 순서 : 1. 콤퍼트와 평면수반을 이용하여
  탑사철을 가지런히 길고 짧게 꽂고
  왼편으로도 꽂아 수반을 가려준다.
  2. 거베라로 중앙에 볼륨을 살려 꽂고
  분리된 느낌이 들지 않도록 주의한다.

The First Week of October :
Eighteenth Sunday after Pentecost

- **Theme** : Law and Forgiveness
- **Scripture** : Ex 20 : 1~20
  Mt 18 : 21~35
  Ro 14 : 5~12
  Ps 19 : 7~14
- The precepts of the LORD are right, giving joy to the heart.
  The commands of the LORD are radiant, giving light to the eyes.
- **Materials** : Tower spindle tree / Gerbera
- **Flower Language** :
  · Gerbera : Mystery
- **Meaning** : Run towards God one step at a time. Our stage of faith and God's commandments are symbolized by Tower spindle tree which retains its green leafs year round.
- **Directions** :
  1. Insert short and long stems of Tower spindle tree neatly on plane flower tray and Compte. Add Tower spindle tree to the left to cover the flower tray.
  2. Give volume to Gerberas and insert them in the center, tying the two pieces together.

10월 둘째주 : 성령강림절후 열여덟째주일

- ●주제 : 일하는 교회
- ●말씀 : 출 32 : 1～14
  마 20 : 1～16
  빌 1 : 21～27
  시 106 : 7～8, 19～23
- ●천국은 마치 품꾼을 얻어 포도원에 들여보내려고 이른 아침에 나간 집주인과 같으니
- ●소재 : 망게 (청미레덩굴) 3단/황국 1단/ 소국 (노랑) 1단/탑사철 1단
- ●꽃말 : •국화 : 충실, 절개
- ●의도 : 마음문을 열어 그리스도를 구주로 영접하자. 그리하면 영원한 구원과 영적 기쁨을 얻게 된다. 산 어디서나 서식하는 이 망게는 연약한 줄기에 동그란 열매가 주렁 주렁 달려 있다. 주 안에서 열심히 일하는 우리의 삶의 태도를 망게로 표현했다.
- ●순서 : 1. 망게 (청미레덩굴) 로 원을 그리듯 둥글게 고정시킨다.
  2. 국화를 길게 바른쪽으로 모아 돋보이게 꽂는다.
  3. 망게의 원안에 소국을 짧게 모아 꽂아준다.
  4. 탑사철을 바른쪽에 조금 곁들인다.

The Second Week of October : Nineteenth Sunday after Pentecost

- • Theme : The Working Church
- • Scripture : Ex 32 : 1～14
  Mt 20 : 1～16
  Php 1 : 21～27
  Ps 106 : 7～8, 19～23
- • For the kingdom of heaven is like a landower who went out early in the morning to hire men to work in his vineyar.
- • Materials : Tower spindle tree /Gerbera / Chrysanthemum / Kind of supple jack
- • Flower Language :
  · Chrysanthemum : Faithfulness, integrity
- • Meaning : Open your heart and receive Christ as the savior. Then the everlasting salvation and spiritual joy will be yours. Kind of supplejack, inhibiting the mountain wherever, has round fruits hanging from its weak stems. It also represents our attitude in life, working hard within the Lord.
- • Directions :
  1. Fix Kind of supplejack in a round shape like a circle.
  2. Show off Chrysanthemum by inserting long stems on the right.
  3. Insert small Chrysanthemum collectively inside the circle of Kind of supplejack
  4. Decorate a little with Tower spindle tree on the right.

10월 셋째주 : 성령강림절후 열아홉째주일

- ●주제 : 순종과 교회일치
- ●말씀 : 출 33 : 12~23
  마 21 : 28~32
  빌 2 : 1~13
  시 99
- ●인자가 온 것은 섬김을 받으려 함이 아니라
  도리어 섬기려 하고 자기 목숨을 많은 사람의
  대속물로 주려 함이니라.
- ●소재 : 옥수수 1단/진달래 1단/
  해바라기 5대/소국(노랑) 1단
- ●꽃말 : ·해바라기 : 숭고
- ●의도 : 열매를 맺어 인간에게 영양을 주는
  옥수수로 주지를 세워 가을을 나타내고
  인간에게 향한 주님의 거룩한 사랑을
  해바라기로 표현했다.
- ●순서 : 1. 옥수수 열매가 돋보이도록 길게
  꽂는다.
  2. 진달래 곡선을 살려 옥수수와
  어울리게 꽂는다.
  3. 중앙에 해바라기를 볼륨있게 꽂는다.
  4. 해바라기 사이사이와 바른쪽으로
  소국을 꽂아 해바라기가 돋보이도록
  한다.

The Third Week of October : Twentieth Sunday after Pentecost

- • Theme : Church Unity and Obedience
- • Scripture : Ex 33 : 12~33
  Mt 21 : 28~32
  Php 2 : 1~13
  Ps 99
- • Materials : Corn /Sunflower/Korean rhod-
  odendron /Chrysanthemum
- • Flower Language :
  · Sunflower : Nobleness
- • Meaning : Corn which provides nutrition
  for human is the main purport
  representing the Fall. God's holy love
  towards human is represented by
  Sunflower.
- • Directions :
  1. Show off fruits of the Corn, inserting
  long stems.
  2. Give life to the flowing lines of Korean
  rhododendron and insert them
  compatibly with the Corn.
  3. Emphasize Sunflowers by inserting
  small Chrysanthemum between the
  Sunflowers and on the right side.

10월 넷째주 : 성령강림절후 스무째주일

● 주제 : 선택받은 자의 책임
● 말씀 : 민 27 : 12~23
　　　　마 21 : 33~43
　　　　빌 3 : 12~21
　　　　시 81 : 1~10
● 푯대를 향하여 그리스도 안에서 하나님이
　위에서 부르신 부름의 상을 위하여 쫓아가노라.
● 소재 : 동백 1~2단/흰국화 1단/
　　　　앵두소국 1단
● 꽃말 : • 국화 : 절개
　　　　 • 동백 : 그대를 누구보다도 사랑함.
● 의도 : 그리스도를 닮아가는 삶은 빛이나고
　　　　거룩하다. 모진 추위 속에서도 항상
　　　　푸르름을 지니며 제일 먼저 꽃망울을
　　　　터뜨리는 동백의 강한 의지를 성도의
　　　　믿음으로 표현했다.
　　　　그리스도 안에서 푯대를 향하여
　　　　찬양하며 달려가자.
● 순서 : 1. 동백의 곡선을 살려 꽂는다.
　　　　 2. 흰국화를 중앙에 모아 볼륨있게
　　　　　 꽂는다.
　　　　 3. 앵두소국을 부분적으로 곁들인다.

The First Week of November : Twenty-second Sunday after Pentecost

• **Theme** : Walking with God
• **Scripture** : Dt 34 : 1~12
　　　　　　　Mt 22 : 1~14
　　　　　　　Php 4 : 1~9
　　　　　　　Ps 135 : 1~14
• Do not be anxious about anything, but in everything, by prayer and petition, with thanksgiving, present your requests to God.
• **Materials** : Narrowleaf firethorn / Chyrsanthemum / Ornamentalkale /pumpkin
• **Meaning** : Since each church celebrate Thanksgiving on different Sundays, the first week of November is designated as Thanksgiving Sunday. Include a variety of fruits and trees, inserting them harmoniously.
• **Directions** :
1. Give life to the flowing lines of Narrowleat firethorn inserting them as the main purport.
2. Insert Chrysanthemum in the center with volume and garnish partly with small Chrysanthemum.
3. Supplement with Korean rhododendron in lonesome places and on the bottom.
4. Garnish with Ornamentalkale and a pumpkin which is suitable for the arrangement.

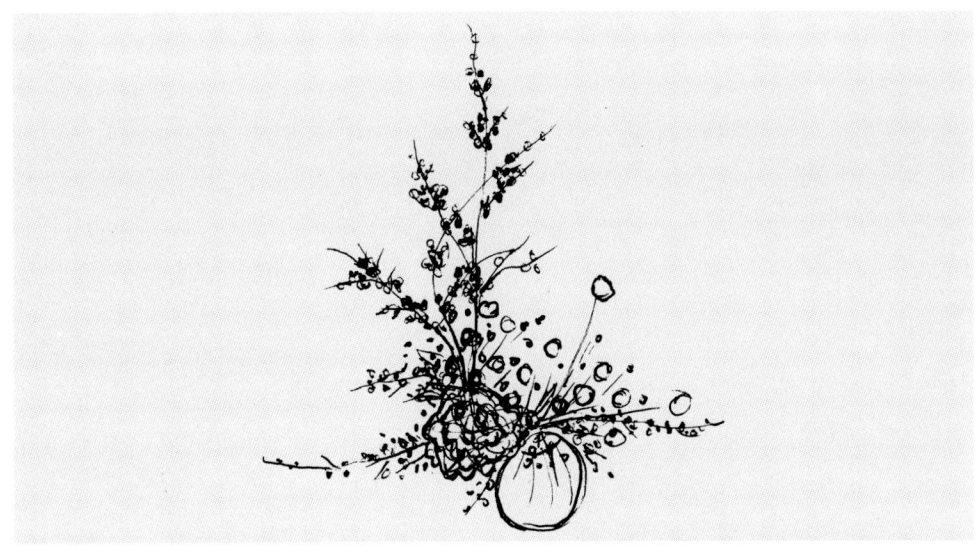

11월 첫째주 : 성령강림절후 스물한째주일

- ●주제 : 그리스도와 함께 하는 자의 행복
- ●말씀 : 신 34 : 1~12
  마 22 : 1~14
  빌 4 : 1~9
  시 135 : 1~14
- • 아무것도 염려하지 말고 오직 모든 일에
  기도와 간구로 너희 구할 것을 감사함으로
  하나님께 아뢰라.
- ●소재 : 비락칸사 1~2단/양국 1~2단/
  노랑소국 1단/잎모란 1포기/
  호박(大) 1개
- ●의도 : 추수감사절이 교회마다 다르기 때문에
  첫주로 구성해 놓았다. 열매 종류,
  과일을 곁들여 놓고 나무종류와 함께
  꽃으로 조화시켜 꽂는다.
- ●순서 : 1. 비락칸사의 곡선을 살려 주지를
  세운다.
  2. 양국을 중앙에 볼륨있게 꽂고 소국을
  부분적으로 곁들인다.
  3. 진달래로 허전한 곳과 밑선을 보충해
  준다.
  4. 작품과 어울리게 잎모란과 호박을
  곁들인다.

The Fourth Week of October : Twenty-first Sunday after Pentecost

- • **Theme** : Duty of a Chosen Person
- • **Scripture** : Nu 27 : 12~23
  Mt 21 : 33~43
  Php 3 : 12~21
  Ps 81 : 1~10
- • I press on toward the goal to win the prize
  for which God has called me heavenward
  in Christ Jesus.
- • **Materials** : Camellia /Chrysanthmum /
- • **Flower Language** :
  · Camellia : Loving you more than any
  other
- • **Meaning** : Holy and bright are those who
  resemble Christ. The strong will of
  Camelia, which stays green even through
  the cold winter and bursts open the very
  first young buds, represents the faith of
  disciples. Let's give praise and run
  towards our goal in Jesus Christ.
- • **Directions** :
  1. Give life to the flowing lines of Camelia
  and insert them.
  2. Insert white Chrysanthemum
  collectively in the center with volume.
  3. Decorate partly with small, round
  Chrysanthemum.

11월 둘째주 : 성령강림절후 스물두째주일

- ●주제 : 국가에 대한 순종
- ●말씀 : 룻 1 : 1~9
    마 22 : 15~22
    살전 1 : 1~10
    시 146
- ●시온아 여호아 네 하나님을 영원히 대대에
  통치하시리로다. 할렐루야.
- ●소재 : 팜파스 2대/비파 1단/
    글라디올러스 1단/붉은 장미 3단
- ●꽃말 : 팜파스 : 자랑스럽다
    · 비파 : 온화
    · 글라디올러스 : 승리
    · 붉은 장미 : 열렬한 사랑
- ●의도 : 나라를 사랑하며 온유한 마음으로
    백성을 통치할 때 하나님께서 도우사
    대대로 자랑스러운 승리의 조국을
    건설하지 않을까?
- ●순서 : 1. 팜파스를 곧게 세운다음
        글라디올러스를 어울리게 꽂는다.
    2. 비파의 곡선을 살려 꽂는다.
        장미는 중앙과 바른쪽에 치중하여
        볼륨있게 꽂는다.

The Second Week of November: Twenty-third Sunday after Pentecost

- • **Theme** : Obedience to One's Country
- • **Scripture** : Pu 1 : 1~9
    Mt 22 : 15~22
    1Th 1 : 1~10
    Ps 146
- • The LORD reigns forever, your God, O
  Zion, for all generations. Praise the
  LORD.
- • **Materials** : Pampas /Eriobotrya
  japonica /Gladiolus /Rose
- • **Flower Language** :
    · Pampas : Being pround
    · Eriobotrga japonica : Gentleness
    · Gladiolus : Victory
    · Rose : Burning love
- • **Meaning** : Doesn't God establish a
  victorious nation for those who love his
  country and rule over his people with a
  gentle mind?
- • **Directions** :
  1. Insert Pampas upright and add
     Gladiolus suitably.
  2. Give life to the flowing lines of
     Eriobotrga japonica and insert them.
     Add Roses in the center and on the right
     side with volume.

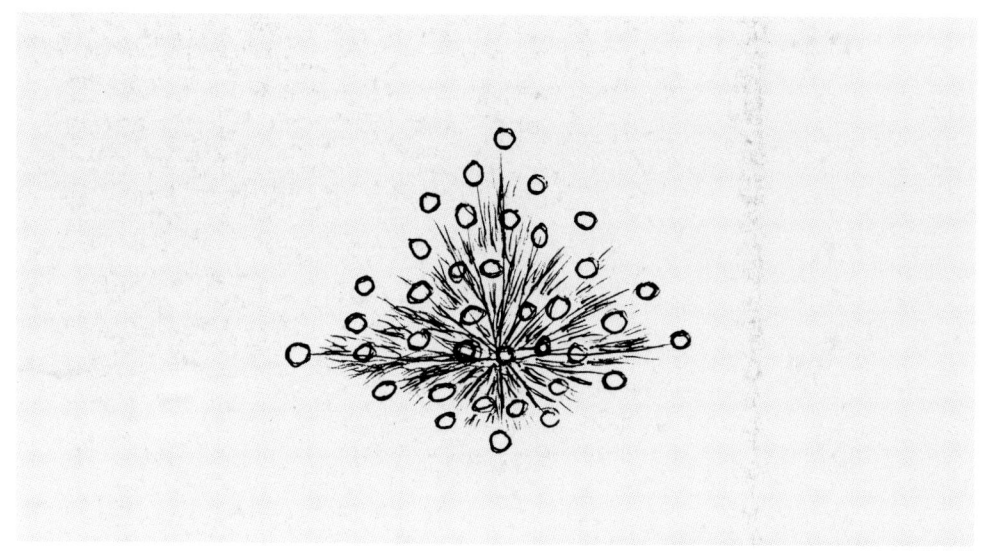

11월 셋째주 : 성령강림절후 스물세째주일

● 주제 : 가정의 기초
● 말씀 : 룻 2 : 1~3
　　　　 마 22 : 34~46
　　　　 살전 2 : 9~13
　　　　 시 126
● 울 마음을 다하고 목숨을 다하고 뜻을 다하여
　 주 너희 하나님을 사랑하라 하셨으니
● 소재 : 핑크카네이션 5단/
　　　　 네피로네피스 1단
● 의도 : 가정하면 제일 먼저 떠오르는 자애로운
　　　　 어머니의 모습을 그려볼 수 있다.
　　　　 어머니의 훈육이 하나님의 말씀 위에
　　　　 심어질 때 그 가정과 자녀의 장래가
　　　　 밝아온다. 1년 열두달 꽃시장에서 흔히
　　　　 볼 수 있다. 친근감이 있는
　　　　 카네이션으로 구성해 보았다.
● 순서 : 1. 카네이션으로 길고 짧게 길이의
　　　　　　 변화를 주면서 삼각구성이 되도록 꽂는다.
　　　　 2. 사이사이에 네피로네피스를 어울리게
　　　　　　 꽂는다.

The Third Week of November : Twenty-fourth Sunday after Pentecost

● **Theme** : Foundation of a Family
● **Scripture** : Ru 2 : 1~3
　　　　 Mt 22 : 34~46
　　　　 1Th 2 : 9~13
　　　　 Ps 126
● The who goes out weeping, carrying seed to sow, will return with songs of joy, carryin sheaves with him.
● **Materials** : Dianthus / Nephrolepis
● **Flower Language** :
　· Dianthus : Mother's love
● **Meaning** : The first person who comes to one's mind when talking about a family is Mother. A bright future can be foreseen for the family and children of a Mother whose moral education is based upon God's Words. This arrangement is composed of Dianthus which can be found in the flower market year round.
● **Directions** :
　1. Insert short and long stems of Dianthus in different sizes and shape the framework into a tripod.
　2. Insert Nephrolepis fittingly between Dianthus.

11월 넷째주 : 오순절후 스물네째주일

● **주제** : 기독교인의 가치있는 삶
● **말씀** : 룻 4 : 4～17
　　　　　 마 23 : 1～12
　　　　　 살전 2 : 9～13
　　　　　 시 : 126
● 울며 씨를 뿌리러 나가는 자는 정녕 기쁨으로 그단을 가지고 돌아오리로다.
● **소재** : 황국 2단/자색소국 4단
● **꽃말** : ·국화 : 충실, 절개
● **의도** : 믿음의 열매 맺는 삶의 태도란 늘 주님을 사모하며 하나님의 뜻을 이루어 나가는 데 있다.
　　　　　 순종하며 변함없는 믿음을 가을에 더욱 흔히 볼 수 있는 국화로 표현했다.
● **순서** : 1. 소국으로 틀을 구성한다.
　　　　　 2. 황국은 중앙을 기준하여 퍼지게 꽂는다.
　　　　　 3. 짧게 자른 국화 줄기로 위에서 아래쪽으로 길게 꽂는다.
　　　　　 4. 꽃과 줄기사이에 큰 리본을 달아준다.

The Fourth Week of November : Twenty-fifth Sunday after Pentecost

● **Theme** : Christian's Worthy Life
● **Scripture** : Ru 4 : 4～17
　　　　　　　 Mt 23 : 1～12
　　　　　　　 1Th 2 : 9～13
　　　　　　　 Ps 126
● Love the Lord your God with all your heart and with all your sould and with all your maind.
● **Materials** : Chrysanthemum
● **Flower Language** :
　· Chrysanthemum : Faithfulness, integrity
● **Meaning** : A fruit bearing faith follows God's will and always adores the Lord. The unchanging, obeying faith is symbolized by Chrysanthemum which can been seen more during the Fall.
● **Directions** :
　1. Compose a framework with small Chrysnthemums.
　2. Spread out Chrysanthemum, inserting them in the center.
　3. Insert from top to bottom, short stems of Chrysanthemum.
　4. Tie a big ribbon between petals and stems.

송백회 회장 허 문 정

약 력

1982 송백회 창립
1983 한국 기독교 꽃꽂이 선교회 3대 회장 역임
1983 한일 친선 문화협회 주최 한일 꽃꽂이 교류 및 시찰
1984 서울시 주최 꽃꽂이 작가 초대전 출품
1984 한국 기독교 꽃꽂이 선교회 4대 회장 역임
1984 한국 기독교 꽃꽂이 선교회 제1회 전시회 개최(한국교회 100주년 기념회관)
1984 교회 절기 꽃꽂이 강의(현재)
1985 기독교 방송 교회절기 꽃꽂이 강의 방송(5년)
1986 한일 친선 문화 협회 서울시 조합회 꽃꽂이 분과위원
1986 제6회 한국 꽃예술 작가 협회전 출품
1986 제2회 한국 꽃꽂이 선교회전 출품
1987 한국 꽃예술 작가 협회 교육위원
1988 한국 기독교 꽃꽂이 선교회 이사(현재)
1988 제3회 한국 기독교 꽃꽂이 선교회전 출품
1990 한국 꽃예술 작가 협회 이사(현재)
1990 한국 문화예술 진흥원 문화부 주최 꽃꽂이 작가 초대전 출품
1990 제4회 한국 기독교 꽃꽂이 선교회전 출품
1991 한국 꽃예술 작가협회 편집위원(현재)
1991 제8회 한국 꽃예술 작가 협회전 출품
1992 제5회 한국 기독교 꽃꽂이 선교회전 출품
1992 교회 절기 꽃꽂이 작품집 발간

Experience

1982 Established the Song Pack Hae Flower Arrangement Research Center
1983 President(3rd Term), Korean Christian Flower Arrangement Mission Association
1983 Korean-Japan Flower Arrangement Interchange & Observance, sponsored by the Korean-Japan Cultural Friendship Association.
1984 Invitational Flower Arrangement Exhibition, sponsored by City of Seoul.
1984 President(4th Term), Korean Christian Flower Arrangement Mission Association
1984 The 1st Korea Christian Flower Arrangement Mission Association Open Exhibition(Centennial Memorial Building)
1984 Lecturer, Flower Arrangement for the Church Calendar(present)
1985 Broadcasted lectures on Flower Arrangement for the Church Calendar on Christian Broadcast System(5years)
1986 Joint Flower Arrangement Subcommittee, Korean-Japan Cultural Friendship Association and City of Seoul
1986 The 6th Korea Flower Art Association Exhibition
1986 The 2nd Korea Flower Arrangement Mission Association Exhibition
1987 Education commitee, Korea Flower Art Association
1988 Director, Korea Christian Flower Arrangement Mission Association (present)
1988 The 3rd Korea Christian Flower Arrangement Mission Association Exhibition
1990 Invitational Exhibition, Korea Cultural Art Department of Culture
1990 The 4th Korea Christian Flower Arrangement Mission Association Exhibition
1991 Editing Committee, Korea Flower Art Association
1992 The 5th Korea Christian Flower Arrangement Mission Association Exhibition
1992 Publication of Flower Arrangement works for the Church Calendar

■ 참고문헌
 • 정장복교수 〈예배학〉
 • BLOEMEN BUREAU HOLLAND
■ 도움을 주신분
 안희선 목사 · 강인철 목사 · 권익수 장로 · 황금아 강사

교회절기 꽃꽂이
대림절에서 추수감사절

2017년 5월 1일 초판 2쇄 발행

지 은 이 | 송백 허문정

펴 낸 이 | 황성연

펴 낸 곳 | 글샘출판사

촬   영 | 맥스튜디오 · 안동욱

주   소 | 서울특별시 중랑구 상봉동 136-1 성신빌딩

등록번호 | 제 8-0856

총   판 | 하늘물류센타

전   화 | 031-947-7777

팩   스 | 0505-365-0691

I S B N | 978-89-91358-50-8

Copyright ⓒ 2017, 허문정